想 象 之 外 · 品 质 文 字

北京领读文化传媒有限责任公司　出品

从菜鸟到专家

FROM ROOKIE TO EXPERT

人力资源管理实战笔记

李远婷——著

北京时代华文书局

图书在版编目（CIP）数据

从菜鸟到专家 ：人力资源管理实战笔记 / 李远婷著．
-- 北京 ：北京时代华文书局，2019.1
ISBN 978-7-5699-2885-3

Ⅰ．①从… Ⅱ．①李… Ⅲ．①人力资源管理 Ⅳ．
①F243

中国版本图书馆 CIP 数据核字（2018）第 291558 号

从菜鸟到专家：人力资源管理实战笔记

CONG CAINIAO DAO ZHUANJIA: RENLI ZIYUAN GUANLI SHIZHAN BIJI

著　　者 | 李远婷

出 版 人 | 王训海
选题策划 | 领读文化
责任编辑 | 张彦翔
装帧设计 | 领读文化
责任印制 | 刘　银

出版发行 | 北京时代华文书局 http://www.bjsdsj.com.cn
北京市东城区安定门外大街 136 号皇城国际大厦 A 座 8 楼
邮编：100011　电话：010-64267955　64267677
印　　刷 | 北京金特印刷有限责任公司　电话：010-68661003
（如发现印装质量问题，请与印刷厂联系调换）
开　　本 | 710mm×1000mm　1/16　印　　张 | 14.75　字　　数 | 236 千字
版　　次 | 2019 年 3 月第 1 版　印　　次 | 2019 年 3 月第 1 次印刷
书　　号 | ISBN 978-7-5699-2885-3
定　　价 | 52.00 元

前 言

在职场江湖，每一个职场白领的故事都或多或少的精彩堪比“杜拉拉”，每一位 HR 的生活也如同杜拉拉那般波澜曲折又不折不挠，真实的职场往往比杜拉拉的故事更精彩！

当你选择做一名人力资源从业者时，你所踏入的是一个前景广阔的领域，是一个对个人成长和全面发展修炼，极有帮助的领域。

随着人力资源理念被广泛认可，越来越多的企业将人力资源提升到战略高度来对待，这将是一个你施展拳脚的绝佳行业。

一开始你可能觉得自己踏入的是一个工资不高、受气不少、人际复杂、关系微妙的地方，但随着你的成长和成熟，人情逐渐练达、专业不断积累、经验日益丰富，这将是一个你化茧成蝶的蜕变之地。

在这样一段旅途中，不管你是豪情万丈还是胆战心惊，我都希望你能借这本书，迷茫之时找到方向，挫折之时找到能量，顺境之时找到归途。

书中收录的每一篇，都是用心之作，单篇的平均点击量均十万以上，且获得行业内的大量点赞和好评，既有可读性又有专业的实操，干货满满，诚意满满。

那些关于在人力资源成长过程中的棘手问题如何处理？人力资源工作的关键模块如何摆平？职业生涯应该如何规划？还有哪些职场颇有争议的问题……

希望这些经验能陪你开启一段不一样的旅程。

这本书关注HR的成长发展并囊括了人力资源的几大重要模块，通过用典型关键的事例进行剖析并给出解决方案，有效务实，也可落地，让你在享受阅读的过程中学到、悟到。

本书主要讲述人力资源从业者职业发展及工作开展中的一些关键问题的解决方案和思路对策。比如：

该如何应对变化的局势来规划自己的求职和成长？

如何筑巢引凤，提升招聘技能？

如何炼石补天，修炼培训技能助力组织发展？

如何长袖善舞，玩转绩效薪酬？

如何润物无声的处好员工关系，在企业文化、员工活动、劳资纠纷方面游刃有余？

如何在新的时代背景下做自己的职业生涯规划，提供方向及思路。

诚然做好任何一个工作都是不容易的，做人力资源工作更是如此！

而成长改变和成功逆袭，都不是一蹴而就的。那是日积月累，滴水石穿的事情。

我深信，每个人未来所处的位置，都是靠今天的自己一步一步的走过去的。

这是一段修行之旅，困难和挫折总会有的。

前进的道路上会有汗水和泪水，我们难免会为某个人或某件事而伤心、愤怒、迷茫、畏惧，但是绝不能后退和逃避。困难不会因为我们逃避而化解，而应该勇敢的直面问题，用智慧和才干来解决它。

没有暴风骤雨，哪里会有雨后彩虹？

工作中，一条路行不通，没必要非撞“南墙”上，换一个方向走下去，也许会迎刃而解。抓住事物的本质，换个角度再尝试一次。通过完成工作中那些困难、艰巨看似不可能的一次又一次的任务，来提升自己的情商逆商，磨炼自己的心性，淬炼自己的品格，升华自己的格局。

通过这一份工作的磨炼，内修心性，外练品行。

用真诚的心灵、本源的智慧去应对职场刁难，通过一次次的勇于担当，顺利突围，达到练技修心的目的，方可在职业旅途的修习中抵达事业上的圆满。

你的努力，值得岁月对你温柔以待，值得时光馈赠成功的果实。

如果有一天，你真的到达了自己想要的高度，也希望你在享受成功的同时关注自己的内心，回归自己的初心，不必一直跑，不必跑的太快而忘了出发的目的。

生命中除了向前奔跑，还有急流勇退的闲适和很多种其他的快乐值得我们去珍重。

春天播种要熬过炎热的夏天，才能等到秋天的收获。

希望大家都能在最适合播种的季节，种下未来蓬勃发展的种子，收获属于自己的精彩明天！

李远婷写于2018年12月28日

目录——Contents

目 录 —— Contents

第五章 润物无声——员工关系篇

第一章

良禽择木而栖——HR 的求职和成长

第一节 拥抱变化，升级迭代自己

话题：新时代下科技发展，HR 该如何适应

未来，是不一样的时代，职场的需求亦不再一样，我们也将与以往不一样！

未来即将到来，在这特殊的时候，我们一起来梳理人力资源领域将会出现的新变化，摆好姿势迎接越来越好的未来吧！动作要快，姿势要帅！

随着互联网技术的发展，人力资源行业将会与从前乃至现在大不一样。

同时，随着技术革新、市场变换，许多变化、许多趋势已经日见端倪，我们作为人力资源行业的从业者，时刻处在风暴的中心。无论是主动还是被动，我们都不再沉默和低调了，许多时候甚至是处在风口浪尖。

未来，不变的是永远在变化，如果我们改变不了，那就学着接受。去正视它，改变自己，拥抱变化。

人力资源行业新的趋势：

◇ 一、系统化智能化，人工智能广泛运用。

人工智能在2017年已经非常火爆了，比如百度机器人，比如阿尔法狗大战围棋大师李世石，都把人工智能推向高潮。在人力资源领域，最实际的运用是各种人力资源系统，智能化的 SHR 操作平台，这些大大解放了重复琐碎工作的劳动量。解放 HR 的双手，让我们能有时间和精力处理更多非常规性工作和依赖沟通等人际手段处理的工作。同时，这项技术和工具的革命削减了劳动量，也给大量基础岗位的人力资源从业者的生存带来挑战，想要长期发展，HR 要变得更专业、更强大！

◇ 二、组织发展 OD 成为热点

在互联网、高科技快速发展变化的形势下，企业组织不再稳定，时刻处于剧烈变动的过程中。组织发展、干部管理、人才梯队等热词越来越受欢迎，做这些职位的 HR 在市场上很受欢迎，不少企业都新设立这样的职位了，优秀的组织发展经理 OD，一将难求，薪资也是水涨船高。

◇ 三、对 HR 要求更高，不止要求专业，还需要熟悉专业、对接业务

企业对人力资源的需求无疑是巨大的，对人力资源从业者的专业素质、战略的理解力、情商的要求也是越来越高。人力资源从业者，除了拥有相关模块的专业知识，还要扎根业务、熟悉业务，才能做适合业务的人力资源支撑服务，事半功倍！熟悉业务、对接业务，是时代给我们的新要求，无力反抗，最好接受。

这些是我获知的人力资源可能的变化，也欢迎大家补充。那么作为 HR 该如何面对呢？人力资源从业者应该主动拥抱变化、升级自己，你若盛开，蝴蝶自来。

如何使自己成长，应对新的变化，我有三条建议，也是提升自己的三个发展阶段。

◇ 一、夯实基础，打通六脉

万变不离其宗，打铁还需自身硬。先练好基本功，再说拔高和提升的事情。学好人力资源六大模块的理论知识，搭建自己的理论体系，知其然还知其所以然，知道怎么做正确，才可能把事情做正确。只有理论体系健全，才可能走得高走得远。有理论体系傍身，使你成为专业 HR，免于事务性打杂的 HR 生涯。

◇ 二、扎根业务，支撑组织

拥有理论体系后，要想成事，还需要扎根业务，了解组织运作、业务经营模式，才能知道该招聘什么样的人才，如何培训赋能，薪酬绩效该如何侧重、怎样引导，如何去做企业文化与员工关系。这些都要求 HR 了解业务；立足业务，才能深刻理解战略，做正确的事情。

◇三、忘掉HR，全面开挂

高手，就像金庸小说中的绝世高手——风清扬，以无招胜有招，忘记所有招数，无套路的套路，对症下药、克敌制胜。

做HR到高手的境界，忘记学的HR吧，不固步自封、不画地为牢，见招拆招你就可以无往不胜。善用工具，智能化系统化的工具；善用外力，善用一切可利用的资源，一切为解决问题而生。

当你谙熟理论及业务还有职场规则，融会贯通地使用电子信息化工具以后，就可以运转自如、人招一体、见招拆招、什么山头唱什么歌了。那样，离成为CHO，迎娶白富美，走向人生巅峰就不远了。

最后，展望未来，虽然时代在发展和变化，但是作为最好学、最能担当、最能引领的HR们也不是吃素的，我们也在根据形势变化升级迭代自己。

祝我们成为更好的自己，还是那句话："HR，你若盛开，蝴蝶自来；你若够强，机会自来。"

第二节
HR 应该是什么样的形象

话题：《欢乐颂》里最没有存在感的关关应该如何获得领导的关注?

你在工作中是一种什么样的形象呢？要具备哪些特质才会符合一个标准 HR 管理者的职业形象呢？

有一名工作了五年的 HR，她和《欢乐颂》里的关关是一种人：温柔文静，规矩听话，朋友眼中的小贴心，但存在感也很弱。一直给大家的感觉是：亲和力很强，性格很好，让人觉得信赖和轻松。但其实是亲和有余、自信不足，给人一种“小家子气”，登不了“台面”的印象。尤其是她和其他部门领导对话，气势上就差了一截。

从事五年 HR 工作，现在应该是职场的发力期，却苦于自身性格的瓶颈，给人一种“小家子气”，登不了“台面”的印象，在领导面前气场弱。关关乖乖女的形象其实不适合做 HR。她想摆脱关关一样的乖乖女形象，成为有气场的HR。

那么，人力资源从业者应该树立怎样的职业形象呢？如何改变和树立应有的HR职场形象以帮助自己提升职业发展呢？

职场如戏，全靠演技，妹子尽快入戏吧！这也是我的主要观点。

职场不是游乐场，而是斗兽场，存在非常激烈的竞争。企业与企业之间的竞争，员工与员工之间的竞争，甚至是企业与员工间的博弈。

作为个人，职业生涯通道越往上走，机会越是稀缺资源，越是竞争激烈，我们更应该把握一切可用的资源和条件，好的职业形象自然是利器之一，你值得拥有。

有人的地方就有江湖，江湖有江湖的规则，职场的竞争也有自己的规则。谙熟这中间的规则和门道，将是一件事半功倍的事情。

就像《欢乐颂》这部电视剧，安迪教育关关的职场生存之道、上下级相处之道、同事之间的合作之道，这是内在的顺应规则的处事技巧，这是内功。像关关一样性格的HR小女生，在群众基础方面还是不错的，略有内功。

有了内功，我们再来说说外在技术——HR在职场上应该树立什么形象？

标准HR应该是什么形象呢？你所有的内功都将外显成你的职业形象。

艺术来源于生活又高于生活。请再回想一下樊胜美这个角色，她的性格、处事方式和她外企里面的HR同事。电视剧里面的她们真的与我们这群HR还有那些我见过的HR有很多的相似之处——穿着或职业或简练的衣服，时不时三两成群地八卦一下，热情、好与人沟通、行动力强、又好为人师……

文能做薪酬、绩效、企业文化，武能招聘、培训、搞得定劳资纠纷。动若脱兔，静若处子。个个精于计算人心，并能在人群中游刃有余。阅人无数，洞悉一切，却口风紧紧的……

我心中的 HR 形象，是专业、细致、待人热情；是逢山开路，遇水搭桥；是人情练达，情商智商双高；博古通今，是数理化、文史哲样样精通。因为我们要与各种各样的人打交道，懂得多，才有更多话题可以切入。

综合素养方面，希望你会用淡定的语气去与同事和领导沟通，凡事想好以后尽量用有逻辑的语言去回答。衣着打扮建议以黑、白、灰、蓝或清淡的职业色为主，切忌夸张的服饰和不适合自己的颜色。工作场合中希望你学会穿适合自己高度又舒适的高跟鞋。工作质量严格把关，尽量保证每次交出去的都是精品……工作中，持续调整自己，以期待遇见未来更好的自己。

同时，希望你不会用生活中放飞自我的形象和习惯在工作场所任性而为。工作的时候我们的角色是 HR，必须按照高标准、高规格来扮演好这个“角色”。

如果你同意“角色”这个概念，也愿意重塑自身职业形象，我们再来聊聊如何树立一个适合人力资源从业者的角色形象，以便助你突破职业瓶颈，获得更高的发展空间、更好的发展机会。

◇ 一、用知识和专业理论武装自己。

“内涵就像内裤，虽然别人看不到，但一定要有的啊！”总之，你走过的路、看过的书、认识的人，都会反映在你的外貌上、你的脸上。

◇ 二、找准自己想扮演的榜样——角色蓝本。

找那些成功的 HR 作为榜样。比如你们公司成功的 HR(你的上级)、影视剧中的 HR，如《杜拉拉升职记》《欢乐颂》里的樊胜美、书籍中的 HR 待人处世的形象和做派，在他们身上找优点，将领导看重的部分着重抽取，记录下来，作为自己努力的方向，外在打扮和行为行动上也要去模仿。工作中经常换位思考——如果是她该怎么处理呢？边观察、边练习，日积月累有意识地进行角色扮演和行为训练，相信随着时间推移，必有长进。

◇ 三、结合自身的优势、性格特点，职业定位，扬长避短，形成自己的职业形象特色。

HR 职位不同模块也是各有各的特色，每个人也都有自己的独特性，既然我们已经了解了自身优劣，又了解了成功 HR 人士的形象特点，就可以在自己身上进行雕塑了。

做招聘、培训、企业文化的 HR 形象要外向、活泼一些，如能加点幽默就更好了；做绩效、薪酬就需要严谨、理性一些。同时，做 HR 注定要长袖善舞，善于与人打交道，也要能够低头做事。

每个人的性格特点也各有不同，不要求取长补短，但希望按照心中的榜眼进行雕塑，按领导喜好的那个形象去努力，扭转自身的颓势。就像电视剧中的乖乖女关关，在第二季的时候也在改变自己的着装、发型、摘掉学生眼镜，整个人看起来更成熟干练，更加办公室化，我们的目标是由“关关型”乖乖女低存在感的形象，进化成资深 HR“樊胜美”的形象和感觉。

◇ 一、言行、动作、姿态训练，提升气场。

谁也不是年纪轻轻就拥有强大气场的，除了时间和岁月历练，个体的成长和有意识地改进也有帮助。

除了正确的服装加持，训练自己的言行、动作、姿态也很重要。在工作中，坐姿挺拔会显得很有精神气，行走速度提升会显得很有效率、能量十足，语言平稳淡定、言简意赅会让你的话更有分量，少说多做、言必有物会让人不敢小觑，每一件工作都做得精益求精超出领导想象会让领导重视和信任。以上，习惯成自然，气场自然形成。

◇ 二、物以类聚，人以群分，想做什么样的人就要和什么样的人在一起。

想成为一个“标准 HR 管理者”就应该多与这类 HR 聚会，经常相互碰撞和沟通。比如每天看点人力资源方面的书籍和文章，经常参加 HR 的活动。相信多与强者为伍，或多或少能感染上那些优秀 HR 的气质的。有高手带，打怪之路会容易得多。

最后希望你和所有 HR 小伙伴，由关关的水平向标准 HR 樊胜美过渡，最后进阶到安迪的水平。

良好的形象不单单是外在的形象，同时也指一个人的内在气质。形象有些是与生俱来的，有些却是可以培养的。古人云“腹有诗书气自华”，大量阅读多读书能让人增长知识，陶冶情操，同时也能提升人的气质。外形端正自然重要，内在美好亦不可少，言行举止得当也对职业发展大有帮助。

好形象的塑造，不在于一朝一夕，而在于日积月累。可勤加练习今天的方法，用心经营自己的形象。塑造良好形象并不是在装模作样，而应该是发自内心的改善自己，发自内心的真诚和善良。

第三节
好的未来，都是这样苦熬出来的！

话题：HR 小白如何将自学的专业知识进行吸收并实践？

人生总是不容易的，学习和成长也是不容易的。一面是日复一日的重复生活，一面是明天和意外不知何时先来。那要不要为了明天和未来而去努力呢？

罗曼·罗兰曾说：“真正的英雄主义，就是在认清生活真相之后，仍然热爱生活。”我们如何在疲惫的生活里，不忘初心，笑对困难，坚守初心，直面将来？

有位爱学习的人力资源小白问：怎样将学习到的理论知识转化为自己的真本事来帮助自己提高呢？还是说初级的小白不用学习那些用不到的理论知识呢？

“纸上得来终觉浅，绝知此事要躬行。”

首先，我不认为水平暂时低就不需要学习，水平再低也是暂时的，不学习就成了永久的了，越是这种情况越该努力学习。

初级的小白想要做好HR工作，就需要学习理论知识，形成自己的理论基础。有理论知识才能知其然并知其所以然，现在用不到，以后在不经意的某一天必定用得上，内化成自己的技能。

让我感同身受的一句话：你现在的气质里，藏着你走过的路、读过的书和爱过的人。

我觉得自己在学习这件事情上就赚大发了，尝到了甜头！

记得那一年，我在一家软件公司上班，但是工作却不如意，做得也不开心。为了职业生涯的连续性，我忍着不跳槽，选择了蛰伏，也可以说是卧薪尝胆，最后成功逆袭。那么，我怎么做到的呢？那一年，我每天下班都不是马上回家，而是背着书本直接冲向图书馆，去挑灯学习。每天如此，周而复始。

也就是那一年，我完成了企业人力资源管理师和全国统考的硕士研究生考试，并且都高分通过。仅仅是获得的这两个证书，就给我的职业生涯带来了非常丰厚的回报，早已物超所值。

有了专业企业人力资源管理师的资质，能证明我再也不是打杂的HR，而是有专业水准、经过系统学习的HR。在我屡次求职的过程中，它带来很明显的优势。

还有我硕士研究生的身份，给我贴上了好学、上进、正能量的标签，并且我后面的工作机会、人脉、机遇无不与这所全国顶尖的大学息息相关。研发类高新技术企业的不少高管出自这所学校，我目前的公司也有一半高管是校友，所以我的机会、资源也是极好的。

收获是甜的，但学习是苦的。学习和努力真正的意义是知识和智慧将是你安身立命的资本，是你实现自我价值的依傍，是让你有钱吃饭养娃孝敬老妈，是让你半夜醒来不害怕。

为了这些，你要熬，并且要善于在等待中修炼！

因为众生皆苦，人生在世，有些苦，谁都躲不了。没有一份工作是不辛苦的，没有一种成就是不辛苦的，没有一分收获是不辛苦的。学习也是一样辛苦，但是它值得你为之付出。

你热爱学习，并且热爱人力资源工作，这个很好，有坚定的方向和努力的动力，就成功一半了。那我们接下来面对如何去学好的问题。

怎样将学习到的理论知识转化为自己的真本事来帮助自己提高呢？我的建议是：

◇ 一、学习要有计划，有规划地学习。

一定要有计划，不可随遇而安。现代人的生活习惯和思维习惯受移动互联网影响很深，每天都是用手机看一些文章，基本过目就忘，形成的是瞬时的记忆，并不深刻，甚至回忆起来也不知道究竟记得多少，又能吸收多少。

这样子的学习是没有规划的，效果必然也很随机，零散而不全面。

建议先要有学习计划，想学好人力资源的知识并有所实践，先从哪方面开始，每天进展多少，要达到什么效果。有计划、规划和没有计划、规划，短期内看不出差别，但是两三年过去以后差别是很巨大的。在学习这件事情上，有了计划和规划还要有毅力，要持之以恒地坚持下去，日积月累，时间会给你丰厚的回馈。

◇ **二、全面系统，由面到线到点。**

我非常理解那种痛点，每天随机看许多人力资源方面的文章，虽然有时候能获得一些知识点，学到点思路和对策，但其实并不全面也不系统。从学习的角度来说，我还是建议全面学习，由面到线到点，落到实处。

具体行动上，面的学习就是参与企业人力资源管理师的考试，上面的理论和知识的要点非常全面，以考带学，你会有动力。在学的过程中，你能搭建自己的知识理论体系，这是非常有效的。我的理论体系最主要的就是靠企业人力资源管理师考试来构建的。很多HR牛人都有这些证书，他们的专业性，你看得到的。线的学习就是你喜欢哪个模块，再去买这些模块的专业书籍，去深挖，精耕细作，成为那个领域的行家。点的学习，就是遇到某些感兴趣的细部问题，可以细致的研究，以形成自己的特色和专长。

人力资源的知识是管理学的重要组成，也涵盖了大部分管理学、心理学的内容，非常精深，有必要反复进修，活到老，学到老。

◇ **三、理论结合实际，学习要有输出和互动。**

学习到了一定阶段，光输入不够，要达到内化和沉淀的作用，就要有输出和互动。每天解决一个问题，你也可以随时随地发表自己的看法和观点，与作者交流互动，这就是为什么鼓励大家对好的专业的文章多留有见解的评论。学习中的很多思路以及职业化的思考方式，有一部分就是可以通过这种与大牛互动的途径中学到。还有，在工作中，在企业里有机会就多做点活，不要斤斤计较，能给你平台去尝试就是赚到了。

具备了理论知识以后，必定能发现管理中的不足和问题，那么这个时候，主动请缨，不计个人得失地去尝试，这些经验和积累会增加你的实践能力和真实的动手能力。

相信假以时日，理论与实践必定相得益彰，齐头并进。

◇ 四、在实践中多看、多做，从实践中来，回归理论，再到实践中去。

工作中、生活里，还有互联网上，必定有你喜欢或崇拜的老师，多观察他们的为人处世、思路和思维的方式方法，模仿也是一种学习。

实践里遇到的、做过的，再回到理论上去坚持，矫正理论后再指导实践。

如此反复，理论必将转化成实践的利刃，必学有所成。

没有一种职业是吃着火锅唱着歌，就可以开开心心拿到薪水，并受人尊重的。

还有，学习可能没有那么多喜欢和不喜欢，也不会很好玩。可是有些时候，人生就得苦熬，能苦中作乐最好，能调整状态最好，能自我激励最好，能找到更好的去处最好。

如果都不能，就要熬下去，一步一步，一寸一寸，一天一天。熬住，就是一切。你若不肯熬，若总想逃，那么，越逃越苦。好的人生，好的未来，都是从苦里熬出来的。熬过了必须的苦，才能过上喜欢的生活。

人在意气风发时，精神抖擞地做成一件事，其实不难。难的是，在冗长得看不到头的枯燥、烦闷、迷茫、压力、疲惫里，不灰心、不懈怠，坚韧地往前走。

这样的我们，才是大写的英雄。

还有几句话要在结尾，跟依然在努力学习、努力成长的你分享：

1. 别太在意某人背后怎么说你，因为那些比你强的人，根本懒得提起你，只有弱者才会忙着去诋毁别人，抬高自己。

2. 当有人逼迫你去突破自己，你要感恩他。他是你生命中的贵人，也许你会因此而改变和蜕变。

3. 我们那么努力，从来都不是为了活成别人眼里所期待和羡慕的样子，而是为了对得起自己。

第四节

Hi，当幸福来敲HR的门！

话题：公司人员流动大，HR一直忙于招聘应该如何解决？

有一个制造企业的HR经理，主要负责招聘。长期以来，他一直有个疑惑：公司人员流动大，HR一直忙于招聘应该如何解决？

经过认真反思总结，他发现公司存在以下几个问题：第一，没有明确的招聘计划和招聘目的，许多新员工不清楚所在岗位的工作任务和要求，导致产生了不受重视的感觉，也损害了公司的口碑；第二，不停地招聘新员工导致在职员工没有安全感和忠诚感，在压力下开始寻求跳槽，最后结果就是老员工的流失。

那么，HR应该如何开展工作来解决公司人员流动性大，自己一直忙于招聘的怪圈呢？

首先，当招聘解决不了主要问题，一定是招聘以外的部分出了问题。

因为招聘并非真正的原因和需要解决的问题，至少不是全部的原因，也不是根源问题。

因为题主是一个“招聘经理”，从招聘经理的角度看问题和发现问题比较“本位主义”。屁股决定了脑袋，有明显的思维局限，所以看问题和分析原因只能从招聘角度出发——比如“没有明确的招聘计划和招聘目的”加“不停地招聘新员工导致了在职员工没有安全感和忠诚感”，没有跳出思维局限只能看到招聘方面的原因。

做过全盘的人应该知道，人才选、用、育、留，“选”只是一个开始，而“用、育、留”的过程才是员工是否选择坚持与企业共同发展的条件和依据，是对员工在职期间进行管理的漫长过程。

其实我想表达的是，你只做招聘经理已经不足以 hold 住你的梦想和实力了，面对人员频繁流失的局面，你发展的机会来了！

因为这不是一个招聘经理就能控制的局面，你真的应该跳出思维的圈子，真正了解员工为什么而走。

除了完善招聘环节的管理，人力资源还有人力资源规划、培训、绩效、薪酬、员工关系的模块，即使有好的薪酬福利也解决不了所有的问题，公司其他地方做得不好也会导致离职。

你可以往更宽更广的方面发展和实践了，这是契机也是机遇，你的幸福也许正在向你的门前走来！

那么，应该如何改进人力资源管理工作，解决目前人员流失问题？

1. 查漏补缺，严控招聘环节。

如题主所说，“没有明确的招聘计划和招聘目的，许多新员工不清楚所在岗位的工作任务和要求”“新员工数量太多，老员工缺少安全感和忠诚感”，找到了问题，那就该去解决！

完善岗位职责说明书或者是最简单的办法——每个新员工入职时，将他的工作内容按部门领导的规划发给他，让他清楚明白地知道自己该做什么要做什么。

新员工数量为什么那么多？招聘需求是否合理？是否必不可少？能不能通过调岗、内部晋升、实习生来解决目前的工作岗位需求？

依据我自己的经验，合理地评估需求，控制需求和编制，还有盘活内部的人力资源，提升工作效率，可能比盲目单纯地招聘更重要更有价值。

2. 加强企业文化建设，加强培训，活跃气氛，员工赋能，激发组织活力和员工的工作积极性。

一般招聘完，紧跟其后的就该是培训和新员工的导入了。一场别开生面的入职培训是标配，各种形式多样的员工活动是大餐。通过培训和各种形式的企业文化宣导、以及组织一些户外的员工活动和团队建设，渲染积极向上或者如“家”般温暖的组织氛围。这些对于新员工快速融入团队、快速掌握工作技能，有集体荣誉感，形成好的工作习惯，认同企业文化、形成内向的组织凝聚力非常有作用。

培训和文化建设，不能一蹴而就，不能妄想立竿见影药到病除，它们如同中药，要日积月累、慢慢调理，看组织的吸收能力。总之会渐渐好起来。

我非常建议一百多人的公司培养“以司为家”的文化，低迷的气氛将一扫而光。多关心关爱员工，组织氛围好了，员工开心，自然效率高，对工作满意度高。

3. 加强制度化建设，机会和待遇留人。

家有家法，司有司规。组织要顺利运转，需有法度，对员工来讲，规则明确也是极好的，员工也喜欢在一家管理规范的企业工作，更有安全感。

完善相应的人力资源制度，起码要让员工知道福利制度、晋升规则、绩效管理制度、培训管理制度、薪酬制度。

制度化、体系化建设是衡量一个人力资源管理者能力和水平的一项重要的技能！

只把事情做好是专员要达到的水平，能把制度做好还要能落地，靠制度管理公司才是真正的HR管理者要达到的目标，将帅之才必备！

4. 加强人力资源的战略规划能力，助力企业快速发展，愿景留人。

大家在一起共事，不光是开心就行，劳资双方最大的利益是共同发展，企业和个人都需要长远的发展——公司锅里有，员工碗里才能有，这是最长久的联盟。

作为HR，我们做所有工作，招聘、培训、绩效、薪酬、企业文化等的着眼点要放在支撑企业业务发展，实现企业战略目标上；同时也要放在员工的个体成长，提高人力资源的效率，实现员工个人价值和成就上。

要学会做人力资源规划，懂得人力分析、成本和风险把控，要求HR有业务导向、战略分解的能力和更专业的人力资源技能，并且激励和调动人的积极性。

这些能力和内容并非一蹴而就，你需要系统、全方位地学习！总之，只有把人力资源的各个模块和功能联动起来，并在实践中落地和实施，才能全面改善目前的人力资源状况。

最后，机会已经飘然而至，当招聘已经不足稳定全局，只做招聘不足以实现自己的梦想，那就学习吧，往更高、更远的地方去吧！

招聘是你的起点但不是你的终点，你应该继续出发，走得更高，走得更远，虽然会很辛苦，但是值得！

比你更优秀的人可能比你还要努力，不惧将来，不恋过往！

想想《当幸福来敲门》的男主角，他那股捍卫梦想的力量曾经支撑了我最初拼命成长的岁月，现在希望也能给你力量，砥砺前行。

幸福，就是你在拼尽全力以后，梦想和幸福不期而至！在那一刻，你会很平静地走出办公大楼，走向川流不息的人群，在人群中抿着嘴哽咽着为自己鼓掌。

新机遇，陪你一起再出发！

文末，还是给大家分享一些鸡汤好了，《当幸福来敲门》里面的句子。

You got a dream, you gotta protect it。 People can't do something themselves,they wanna tell you you can't do it。If you want something, go get it。

如果你有梦想的话，就要去捍卫它。那些一事无成的人想告诉你，你成不了大器，别听他们的。如果你有理想的话，就要去努力实现。

第五节
产假政策已至，做好自己，顺势而为

话题：如何应对国家新版产假规定？

2017年国家更改了产假规定，各大省份的产假天数相比以前都有了大幅度的提高，男职工陪护假也相应增加。但是，我们老板觉得地方管理条例不是必须执行的，只愿意放国家规定的98天基础假；而且他觉得现在有的年轻人一到公司就结婚，紧接着就怀孕，企业对员工的投入和产出不成正比，特别是互联网公司，技术类人力成本居高不下。有些公司在产假和陪产假方面总有克扣，一边员工利益有损，一边老板投入得不到回报。大家遇到这种事怎么应对呢？

自从2017年新的产假政策出来以后，但凡是面试女候选人，HR 必问生育状况；女性朋友跟我聊个人职业生涯发展问题时，我也必会催促她赶紧结婚赶紧生，未婚没生跳槽不易啊；甚至我自己在工作的时候，也变乖了，不会像以前那样大步快走野心勃勃了，一言不合只能忍，不能随便跳。

只觉新政以后，属于女性的职场晋升机会越来越小、跳槽的难度越来越大了。

随着全国范围的产假休假天数变动，全国各地也对本区域的产假规定进行了修改，这些规定给职场女性带来了不小的影响。

产假：原来的天数98天 +30天 /15天（晚育）+15天 /30天（难产）+15天（多胞胎每多生一个婴儿）。

以广东为例，2017年3月1日实施的广东省人口与计划生育条例明确，广东女职工顺产可享受98天 +80天奖励假共178天的产假，剖腹产可享受天98+80天奖励假 +30天剖腹产假共208天的产假。

2017年产假天数新规定，各地的产假天数各不相同，详细可检索，最低的128天，最高的178天，二胎全面开放，二胎也享受产假政策。

还记得网上那个“作为 HR，我可能给公司招了一个假员工”的段子，刚入职便结婚并连生两胎，休假时间比工作时间还长，很生动形象地展现了新的产假政策后，公司对于管理女性员工的尴尬和无奈。

这个问题是新的产假政策出来后 HR 们普遍遇到的棘手问题，也在社会上引发了普遍的讨论。作为企业 HR，逢山开路，遇水搭桥，既然无法回避，那就坦然面对好了。应该如何认识新的产假政策?

先来剖析下新规的利弊：

之前录制了一期节目，讲的就是与这个话题：“延长产假对职场女性利大于弊还是弊大于利”，各方观点，陈述如下：

正方观点：延长产假对职场女性利大于弊。

1. 产假福利延长有利于人类繁衍，有利于亲子关系的培养，功在当代利在千秋。

2. 产假福利延长是社会发展的必然趋势，像发达的资本主义国家英国、加拿大、新西兰他们的产假有的长达一年。

3. 产假福利延长有利于女性身体恢复，身心恢复得好才能更好地回归工作岗位。

4. 产假福利延长能体现公司的仁德，是员工福利的体现，更得人心。

反方观点：延长产假对职场女性弊大于利。

1. 企业会减少给女性的岗位，因为女性的三期成本太高。虽然不会明说，但是以或明或暗的潜规则来约定，而减少女性的招募。

2. 女性的职业发展机会和晋升空间会受生育政策影响。生育是女性必须完成的家庭责任，未婚、已婚未孕、已婚单胎乃至已婚多胎，职业生涯都会受到影响，没生的或者生完一胎的担心随时可能生育或生二胎，加薪升职的时候会有顾忌，生完两胎的会担心孩子那么多，有多少时间在工作上呢?

3. 产假时间太久，岗位会被别人取代掉，回归职场受诸多因素限制。

4. 职场空间缩小会使一些原本可以在职场贡献价值的女性，被迫成为家庭主妇。反靠丈夫一人的收入，家庭的经济压力会增加。

产假福利延长，从长期来看，对整个社会发展有利，短期而言却是弊端丛生。短期来看，生育假超过98天的部分生育津贴未覆盖，生育津贴有的也不够产假工资，需要贴钱，全由老板来承担，增加了用女工的成本。羊毛出在羊身上，放企业主的血，最后买单的还是女职员。这种情况阻碍和限制了女性的职场发展空间。

请不要试图以道德来绑架老板，毕竟孩子是你和你老公的，不是老板的，他是企业家不是慈善家。即使要做慈善家，也得在企业撑得起来的时候去当。这是现实，不是霸道总裁玛丽苏的电视剧，悲情戏码在真实的社会往往不管用的。

那遇到这种事要怎么应对呢？

从公司的角度来考虑，用工成本确实是个大的问题，企业和老板都是逐利的，要从经济的角度考虑经济问题，单纯用道德来约束起不了太大作用，也不能持久。企业承担的产假成本增高，效益下降，到最后，企业关闭大家都得打包散伙，谁也捞不着好。

应对这个问题，HR 可以这样做：

1. 梳理工作岗位，在招聘时尽量避免或减少招聘在适龄婚育阶段的女性。如果有这种备孕阶段的女职工，就请一并做好岗位备角措施。

产妇数量过多，企业效益会降低，日常工作效率会降低，整体氛围会受影响。建议梳理岗位工作内容，原本以女性居多的职位能外包的就外包或使用第三方服务，不能避免的就尽量招男生或者从面试环节把关，控制生育的风险。产妇数量应从招聘源头开始控制。同时对在职有生育可能的员工配备可以顶岗的人员，早做准备。

2. 合理利用工资结构划分来控制产假的工资成本。

比如将员工工资分出一部分在全勤奖、各种岗位补贴、工作津贴上，产假工资发基本工资部分，尽量合理合法地降低生育成本。要有制度做支撑，具体要咨询下律师，师出有名，并避免法律风险。

3. 与员工协商，各自理解体谅，以期达成一致。

老板觉得产假时间太久，产假费用太高，员工也自有员工的难处，孩子要生，工作也不好换，那就协商吧！民不告官不究，如何晓之以情，动之以理，以三寸不烂之舌说服公司和员工，就看HR的手段了。公司方可承诺的是：尽量保留她的岗位，多一些照顾，比如员工早点回岗位，未休的产假分配在每个工作日早一小时下班或者以后再调休。员工方也别锱铢必较，退一步海阔天空，短时间的吃亏换来长久的发展，以后升职加薪少不了你的，都能平回来。总之，好好协商吧。

4. 加强内部的绩效考核制度，严格按照工作效率和成果来考核。

绩效考核奖金在工资之外发放。这样能提高内部激励性，并以效率为先，适度降低“三期”女职员的薪酬成本，对其他员工来说也公平。

延长产假福利，长远来讲是社会进步的必然趋势，但是对目前职场女性的生存发展空间来说确实伤害很大。不管你想不想生二胎，企业都会有所顾虑的。亲们，居安思危吧！

HR这个职业是以女性占大多数的职业，这个政策对我们来说也是深受影响的，作为女性，我们应该如何应对呢？我的建议如下：

1. 提升自身技能，提高职场竞争力。

只有能力强的人才能得到越来越稀缺的职场机会。之前就有一个女孩子，她以自身实力说明，产假政策实施后女性还是能在不同的公司间切换，因为她本身聪明、有冲劲、很上进，满满的自信和正能量。

2. 提升个人职业素养，对人对事不亏欠。

最好能在公司工作一两年再怀孕。在工作中多做点，多一些贡献，对人对事不亏欠，要对得起自己的职位和工资，不抱占便宜的心态，你的高素养反而会为你争取更稳定的职业生涯发展。

公司最反感的莫过于刚入职没多久，有些甚至在试用期就怀孕了的，还有一怀孕就各种要求迁就，泡病假的，这种人多了，职场女性的形象就堕落了，本就弱势变得更脆弱不堪了。希望广大 HR 自成一股清流。

3. 顺势而为，穷则思变。

政策已至，与其抱怨不如坦然接受，为应对政策带来的职场挑战，聪明的职场女性们一定在想新的机会。

移动互联网的时代已经到来，这又是一个大众创新，万众创业的年代，职场女性有必要“一专多能”，多学一些自己喜欢又感兴趣的技能，将职业技能向外围扩展，不仅能提升职场竞争力，也会在未来的某天不期而遇地成为自己的一份事业。比如，HR 很适合往写作、培训师、咨询师、职业生涯指导师或者与你喜欢的其他领域多学习、多发展一下。

职场不是游乐场，职场是斗兽场。物竞天择，唯有适者生存。延长产假福利是一柄双刃剑，作为 HR 我们不仅要为企业保驾护航，做一些本不愿意去面对的事情；更要居安思危，在政策的倒逼下强大自己，适应未来职场的千变万化。

第六节
关于跳槽，你会选吗?

话题：该不该跳槽？什么情况下适合跳槽？

最近拿到的《2017年HR从业现状白皮书》，饶有兴趣地全部看完，给我印象最深刻的莫过于，30%左右人数比例的涨薪是靠跳槽获得，而且跳槽带来的涨薪完胜靠晋升、老板赏识和普调。

人才是抢手的，也是稀缺的，每年年初能闻到人才市场蠢蠢欲动的硝烟味儿了。精英们在互相打听着手中红包的重量，暗自盘算来年的去向。

你是否对着自己的工资条纠结不已，不时偷偷瞄几眼别处的橄榄枝，再想想老板语重心长的谈话，言语间意味不明的暗示又让你琢磨不透。工资迟迟不涨，面对别人家公司的高薪诱惑，不是不动，只是在熟悉和陌生、稳定和挑战之间，你内心的天平会不确定偏向哪一边，也会摇摆不定。

跳与不跳，什么时候跳？跳向何处？如何选择才能成为最后的赢家？谁都说不清楚。

是为了几千块的工资涨幅放弃稳中有升的工作？还是为了不确定的升职机会再咬牙坚持几年？确实不是轻易就可以做出的决定。关于跳槽，你会选吗？会选择时机吗？有把握选择对的下家吗？

现在我想和你聊聊关于“跳槽”这个话题。

跳槽，对于职业生涯发展来说，是一件当之无愧的大事。这样的一个选择，决定了后面整个职业发展的轨迹，影响可谓深远，同时它也决定了未来三五年乃至十年的生活状态和水平。

在“是否跳槽”的关键的职场分岔路口，来分析几个关键的问题和思路，希望帮助大家找到一个更靠谱的答案。

人在职场，跳槽是一个无法回避的问题，有人主动，为了寻找更好的发展机会；有人被动，迫于行业背景和工作能力。

对于跳槽这件事情，不同年龄、不同性别、不同地域、不同行业、不同背景、不同职业阶段的人想法、态度、做法各不相同。

对初入职场的新人，会因为很多看似荒诞的理由选择跳槽，比如说体验跳槽的滋味，他们拒绝一成不变的东西，喜欢新鲜感，也喜欢挑战和冒险。他们更多地想追求自己喜欢的事情去做，更看重体验和感受。如果遇上这种寻求刺激的机会，他们会比谁都疯狂。

对中年人来说，跳槽还真不是个容易做的决定。毕竟，对大多数中年人而言，上有老下有小，家庭和事业，房子和车子，牵一发而动全身，无一不牵动着敏感的神经。当行业发生变化，职业技能不再唯一的时候，如果不及时做出改变，面对跳槽也就剩下想想而已。更有惨烈的如前段时间从中兴跳楼的中年欧某，面对突如其来的辞退，无力应对，内忧外患，不得不走上绝路。

真正的危机从来不是人到中年，有枸杞和保温杯，而是跳槽危机已在眼前，你还毫无知觉。

那么在等待危机的漫长时期里，与其惶惶不安，不如早做打算。眼明心亮保持警惕，并且请你八小时之外，多学习和补充新的东西，更新迭代自己，以适应未来不断变化的形势。那么什么时候该跳槽，该往哪里跳最明智呢？且看下文分解。

◇ 一、什么时候该跳槽？如果你有想换工作的想法时，先别急着行动，先问自己几个问题：

你想换工作主要原因是什么？对目前不满的问题有没有解决的办法和可能呢？

薪资待遇低——那么公司的调薪政策是怎样的？是否有机会特调？找工作前是否可以先和老板沟通加薪问题？

职位没有上升空间——那么是否可以内部转岗？或者和老板先沟通一下自己的职业发展情况，通过了解他对你的评价和期望，可以同时判断下他在你升职这件事情上的诚意。

老板对我不重视——那么为什么不受重视？是自己做得不够好，还是因为老板的偏见，你应该客观地思考和认识一下。

工作环境不和谐，同事间有矛盾——那么，你也无法保证去新的公司所有人对你都友好，学会职场人际交往之道才是解决问题的关键。

家庭原因——这个问题依然可能出现在下一份工作中，而且新换一份工作，可能会更难协调，那是否能在沟通和效率方面做出改进来改变现在的工作状态呢?

在理清现阶段的所有问题后，综合评估，并付诸努力改变无果后，那么可能真的是你开始寻找下一份工作的时候了。

◇ 二、跳槽前千万想清楚这两件事情。

当决定跳槽后，如何才能从容面对，缓解或者说消除对跳槽的焦虑，正确选择适合自己的新公司，有计划地让每次跳槽都成为职场上升的助力，首先要提前想清楚这两件事：

1. 大趋势，看公司长远的发展潜力

面对不同的公司做出选择时，首先要看公司的愿景和业务的发展模式。也就是，在不在你认为的“正确的赛道上”，你是否认为这个公司在未来能够迸发出巨大的价值。就好像有一个 HR 离职跳槽的原因是因为不看好公司的业务前景，他公司是做汽车车载导航的，前几年市场火爆躺着都赚钱，现在移动互联网发展，手机地图更新更快，也更加智能，车主纷纷抛弃车载导航及服务。公司致力于车载导航硬件，移动互联网方向始终发展不起来，市场日益萎缩，业绩也年年衰退。事实证明，该市场确实存在较大的危机，连带着该公司也有较大的危机和风险。选择离开无疑是对的。

看清楚企业发展的未来趋势，并不容易，但一定要尝试，去学会分析。这里分享三条心得：

（1）看市场。

看市场就是看公司的成长潜力，市场容量有多大，这个市场是不是已经饱和或者衰败，是否有垄断的公司出现？

如果答案都是“是”，那么未来这家公司的成长性可能不会太好，你在里面做几个月就会想要出来。

而某些新型行业，还没有绝对的霸主出现，有巨大的市场潜力，可以重点考虑投身进去，这些行业有巨大的市场增量，机会无限。

（2）看用户。

所谓用户，就是花钱购买公司产品或服务的人。无论对于哪类企业，用户都是核心资产。

判断一家公司服务的用户时，可以着重关注两点：

一个是用户基数，第二个是用户愿意买单的价值，这在任何企业都是同样的道理。如果用户基数不够大，那么就看它的单位用户价值是否足够高。而如果公司服务的用户技术低，单位用户价值也不高，那么这家公司很可能不值得你长期待下去。

看清楚了，你才会了解这个公司的商业模式。

下一步，则是尽量去到核心部门。所谓核心部门，是和这个公司商业模式关系最密切的部门，可能是营销、研发，或者你兴趣最大的部门，可以发挥你长项的部门或岗位。

（3）看对手。

主要看对手公司的策略和打法。

比如你面试一家制造公司，其他企业已经在智能制造、互联网营销上玩得风生水起，这家公司还在用传统的生产制造方式，仅仅只用打纸媒广告，你就该警醒了。关注行业内的对手，门口的“野蛮人”。未来这家公司会不会被收购，被收购后会对你产生什么影响？

以上三点，看现有公司的市场、用户、对手，都是从宏观层去评估一个公司值不值得加入的重要条件。

2. 日常工作中的小细节。

小细节，就是看这个公司能不能给你带来长期价值。职业生涯，请围绕自己的成长目标去规划而不是围绕公司。不要觉得加入一家好公司就万事大吉，以后可以高枕无忧了。所有公司无论大小，当你回头看时，都是跳板。看公司的细节，就是看它能不能给你带来价值。这个增值并不是单纯意义上的金钱增值，更多时候在个人未来职业发展上带来助力。

看细节的心得同样有三点。

（1）看老板。

首先是看你的老板有没有本事。这个本事，最好能够和你的缺陷形成补充。如果不能，那就选择他身上能够加强你现有技能的闪光点进行学习。

另一点就是看他的工作风格，他对待下属是尊重亲和，还是刻薄寡恩？他是喜欢充分授权，还是事必躬亲？是抓大放小，还是注重细节？

如果遇到一个风格和你完全不相融的老板，除非你有极强的沟通斡旋能力能让你完全适应，或者改变老板对你的管理方式，否则还是趁早离开，何必相互伤害？

（2）看日常。

所谓日常，就是该岗位每天工作的基本内容。选择公司的时候，提前了解这个岗位的日常工作是非常必要的。将它们按照日常消耗的精力与我想要的生活方式做对比。比如一周的时间多少时间用来做人力资源规划，多少时间用来做招聘，多少时间用来做培训，等等。

这个配比，是否符合自己的期望，它是否兼顾了本职工作和个人提升。如果管理混乱，长期人员流失大于流入，频繁招聘又频繁离职，那就是一个失衡的基本面，这份工作只会让你原地踏步，并且疲于应付琐事，不会提高和成长太多。

工作的基本内容，是很容易在面试的时候问出来的。在做选择之前，这个信息一定要了解清楚。思考一下，分析一下，这些是不是你要的，能不能给你未来带来你想要的帮助。

（3）看下下家，看准了跳。

所谓下下家，就是下家后面的下家。选择公司的时候，不仅要看这个公司能带给你什么，还要想想以后离开这家公司你能去哪里？

比如，当你面对一个大公司的职位，有没有考虑过如果以后不在这个公司了，这个职位的工作经验能给你什么价值？关注新公司的同时，不妨也想想这个问题，也许你会豁然开朗。

最后总结一下，如何去选择公司——先看大趋势，再看小细节。

大趋势，包括这个公司服务的市场，瞄准的用户，面对的对手；

小细节，包括这个公司老板的风格，日常的工作，后面的下家。

如果各位仔细读完，会发现跳槽选公司和风投选公司差不多，说白了，最后都是看两点：增长和回报。

良禽择木而栖，你学会跳槽和选公司了吗？

第二章

筑巢引凤——招聘技巧篇

第一节
就这一篇，让你玩转“招聘初试”

话题：如何避免企业基础招聘人员把优秀人才挡在面试第一轮?

一家技术型企业里，一位刚跳槽空降的年轻人力资源经理，颓废地坐在自己的办公台后面，他正在为招聘的事情发愁。最近在工作中发现招聘专员资历浅，不能很好地判断候选人是否合适，特别是面对不善表达的技术人员，往往被挡在初试之外，非常可惜！他正在苦恼如何避免企业基础招聘人员把优秀人才挡在面试第一轮，乃至如何才能提升招聘工作的质量和水平。

这个情境有招聘问题，当然也有管理问题，包括授权不到位的问题，上级对下级缺乏指导、缺乏及时监督的问题，基层招聘人员缺乏专业技能的问题。这些管理问题我在此不做赘述，此文着力分享招聘的技术问题。

曾经有HR问我，你觉得招聘的哪个环节是最重要的？我的回答是，招聘是一套系统的组合拳，是环环相扣的，任何一环出问题都会影响最终的结果，需要每一个环节都尽可能专业、尽善尽美才有可能得到最后好的结果——快速招到人，把合适的人放在合适的位置上。

这位HR经理的初级目的是解决招聘人员将优秀人才挡在面试第一轮，终级目的是为了提升招聘水平，最终提高引进人才的效率！

首先明确，招聘是什么？

招聘的定义，这是我看过最准确的定义，没有之一：组织为了发展的需要，根据人力资源规划和工作分析的要求，寻找、吸引那些有能力又有兴趣的人员到本组织任职，并从中选出适宜人员予以录用的过程。核心是通过选拔实现“人—事”匹配，目的是寻找具备最适合的技能，具有劳动的愿望，能够在企业相对稳定地工作的雇员。

对这位人力资源经理而言，定义准确头等重要，而且你要把今天掌握的这些初期工作的技能转授给你的下属，让他们真正成长起来，问题自然会得到解决。

流程图：

完整的招聘流程，要进行招聘需求确定审核——岗位分析——选择招聘渠道——发布招聘信息——收简历并筛选——邀约面试——初试并填写评估表——部门复试——确定录用事宜——发录用通知书——入职。

贵公司HR部门这些环节是否没问题呢？任何一个环节都会影响后面的录用结果，并且失败后都要返回到“筛选简历”的步骤，重新开始。

从实用主义的角度考虑，姑且认为其他环节都没有问题吧。你的招聘专员，先掌握发布招聘信息、筛选简历、电话邀约并初步确认关键信息、面试技能，就差不多了。慢慢来，要花点时间！

关于招聘环节的分工，先根据能力进行分工和拟定后续培养计划。

工作分析、招聘需求分析、招聘渠道的选择还得是你作为人力资源经理依据公司和当地实际情况亲自把关，因为太考验专业性和经验了。编写招聘信息可以给招聘专员列初稿，你来把关再发布。面试环节目前最好别给直接抛给招聘专员，她能力还不够，浪费面试机会的几率大，由你先面，她旁听，技能学会模拟过关了再慢慢上手。

“未经培训的员工成本是最贵的”。你新到一家企业，下属能力薄、资历浅，正是你的机会。可以好好培养他们，教他们“上阵杀敌”的本领。

掌握以下技能，能迅速提升初试水准。

◇ 一、熟悉招聘网站！

信息要准确有吸引力，要想保持岗位的曝光度，完整而有吸引力的公司介绍、福利介绍、岗位的准确描述，是招聘成功的前提。基本的网站操作不说太多了，技巧只说一点，网站上的职位要每日早晨刷新，并把当天合适的简历下载，日清日毕。勤快些，有数量才有质量。

◇ 二、搞定简历筛选！

要招什么样能力素质模型的人，HR 经理在发布招聘信息前就得提前了解部门需求，筛选简历前要跟专员讲明白，不宜长，明确、简洁即可，结合自己的招聘经验锁定一些关键素质要求。比如那些硬性的规定，×× 职位，需要 ×× 年资历，学历不低于 ××，要有哪些行业或职位的从业经验，还有一些用人部门要求的基本素质。

简历筛选的要点：简历整体外观，年龄层次，教育背景，职业生涯结构、工作经验，薪酬期望。比如：简历是否整洁、规范、认真、语法文法有没有错误？教育背景、专业证书，学习经历的相关性，时间的连贯一致性。他过去做了什么？是完成、执行、管理还是参与、建议、熟悉的项目管理水平呢？薪酬的详细构成以及年薪等等。

专员初步筛选完，HRM 再过一遍，再向用人部门负责人推送，他们看过合适的再邀约。技术型和研发型的企业，有时候 HR 是看不出什么技能的，而用人部门看过合适，能大大提升候选人的匹配程度。这个外力非常重要，通力合作，事半功倍。

◇ 三、搞定电话邀约和简短的信息确认！

简历筛选完，最多重复工作的就是电话邀约，电话邀约做得好，面试到场率高。这个技能要反复练习，把这个动作练到极致！有礼貌，语言得当，声音要甜美，带着笑意，最好用广播电台女主播那样的腔调，要候选人喜欢听你说话。

电话邀约面试话术，让专员反复练，练到极致就是“绝招”：

“×× 先生 / 女士，你好！我们是 ×× 公司人力资源部的，我姓 ××，请问方便听电话吗？”

如果是自动投递的，可以说："在 ×× 人才网上收到你投递的简历，我们招聘的岗位是 ××，方便和你聊聊吗？"

得到对方的认可后，就可以和对方聊些本岗位的情况，电话面试；

如果聊得还可以的话，就说："想约你 ×× 时间到我们公司再详细交流，这个时间方便吗？"如果对方说不方便，就改个时间，如果对方说方便，那么，你可说"×× 先生 / 小姐，过一会儿，我会把我们公司的地址发到你的手机上，请你查收，谢谢。你有不明白的地方，可以直接给我电话。"

电话邀约注意事项：

1. 选择合适的时间打电话，一般选在10:00~11:00，14:00~17:00打电话，可以避开在路上、吃饭的时间。虽会遇到开会的时候，可再约时间，详情可看后面。

2. 电话接通，礼貌问候。

3. 自报家门，确认求职意向。为避免求职者海投、误投，这是很关键的一步。

电话邀约爽约原因：

1. 求职者确实临时有事，但不知如何告知 HR。

2. 求职者同时接到几家公司的面试通知，比较之后做出取舍，你所在的公司是被淘汰的那一个。

3. 求职者仍在职、求职意向并不强，抱着"有时间就去、去不了也无所谓"的想法。

4. 求职者要求先查看企业网站，是否应聘再做回复。

5. 求职者并无大事，只是因出发太晚、犯懒等小事未去应聘。

6. 求职者事后发现面试地点太远，主动放弃。

◇ 四、后期增加面试环节的培训。这是非常核心的关键技能，太系统，内容多，面试题库及考察要点附在文末。

面试按提问类型分为结构化面试、半结构化面试、非结构化面试。其实都有话术和提问标准语言的。在这里只能列几个标准问题，如果想进一步学，看文章末尾附件《超级面试官——面试题库》，拿去用就行！

结构化面试的问题类型　具体说明可以在专业书籍上系统学习：

背景性问题，知识性问题，思维性问题，情境性问题，压力性问题，行为性问题。

面试提问的技巧：

1. 问题要少而精。

2. 关键问题要深挖。

3. 不要对面试者有任何假设，包括简历上的信息，唯一的假设就是对方不合格。

只需稍微留心一下，一个人说的是真话还是假话，当场就能够看出来的。说真话和说假话的表现还是有所区别的。

应聘者说谎时的通常表现：

1. 表达概略不详，无法深入，多是一语带过。

2. 多用虚词描述：应该、可能、大概。

3. 不敢直视面试官，紧张，缺乏安全感。

4. 在举止或言语上表现迟疑。

5. 语言流畅，但感觉像背书。

6. 具体细节多用“我们”而非“我”。

7. 面部表情、姿势、手势和语言行为不一致。

◇ 五、学做一个合格的面试官。

面试不能仅凭感觉。面试官必须具备一些面试技巧。比如，如何通过特定的问题挖掘自己想了解的信息，如何观察候选人，如何判断候选人所反馈信息的真伪等等。在掌握了面试的技能之后才有资格参与面试工作，就像上岗需要合格证一样。

个人总结，对面试官的主要要求有：

1. 较为丰富的工作经验和人生阅历；

2. 掌握面试知识和技能、熟悉面试实施流程；

3. 熟知待招聘岗位的岗位职责和任职资格，熟悉公司的企业文化和制度；

4. 亲和、友善、坦诚、公正，良好的沟通能力和敏锐的洞察力；

5. 自信、稳定的情绪，拥有驾驭面试过程和时间控制的能力；

6. 拥有爱才惜才之心，能够深入挖掘应聘者的价值，让应聘者充分自我展示。

先就学习这些吧，这些知识点得多练习才行，因为招聘工作，就是一项“一将功成万骨枯”的活儿，要“阅人无数，毁人不倦”，必须要有成千上万次的面试积累，才能洞察人心、调悉人性。

谈笑间“强撸”灰飞烟灭。

附件：

超级面试官——面试题库

说明：本题库适用于面试时抽取问题、参照使用。本题库可以不断完善、充实。面试必备，需反复练习。

◎ 第一节 面试气氛营造

题目	面试要点参考
欢迎你来参加我们的面试！	开场语。
今天天气很热（冷）。	观察应试者与陌生人交往的意识和能力。
过来顺利吗？到这里来上班工作地点能接受吗？	观察应聘者的第一反应。

◎ 第二节 基本情况了解

题目	面试要点参考
请你自我介绍一下。	了解应试者的基本信息，同时观察其表达能力，语言是否流畅、有条理，层次分明。
请谈一下性格方面的优缺点，这些会对你所应聘的工作有影响吗？	应试者对自己能否有一个比较全面、深刻、理性的认识，自信、自卑和自傲倾向如何，是否善于自我总结。
在你朋友眼里，你是一个什么样的人？	人际交往能力的侧面考察。
有什么业余爱好？	业余爱好可以反映应聘者的性格倾向、观念。

◎ 第三节 求职动机、态度

题目	面试要点参考
为什么选择来我们公司工作？对这个行业、对我们公司你有什么了解吗？	求职者的了解程度反映了其对该职位的重视程度、求职的态度。只为找到一份工作糊口而盲目求职的人培养潜质不高，但对公司的不了解不应成为重点。
你在选择工作时最看重的是什么？	了解求职时的考虑因素：薪资福利、工作环境、职业意向、发展前景等。
你更喜欢什么样的公司？	判断对方在本公司的适应可能和稳定性。
请谈谈你现在的工作情况，包括待遇、工作性质、工作满意度等等。	关键在于追问对方对目前状况的满意程度，在综合其它因素判断其在本公司的稳定性。
你喜欢什么样的领导和同事？	喜欢什么样的人，自己也将最终成为那种人。
你认为在一个理想的工作单位里，个人事业的成败是由什么决定的？	价值观的一种，不同的职位需要不同价值观的人，但基本观念不能和企业文化相差太远。
你为什么喜欢这种工作？	了解对方的职业倾向，以判断对方是否适合应聘的职位。

◎ 第四节 职业规划

题目	面试要点参考
能谈谈你的职业规划吗？	个人职业目标、职业规划。
接下来的两到三年，你喜欢在职业方面达到一个什么样的目标？	公司是否能够给应聘者提供对应的职位及发展。
如果有选择的机会，你最有兴趣做的工作是什么？为什么？	职业倾向、工作稳定性的考察，求职者是否把这份工作仅仅当作一个过渡。

◎ 第五节 离职分析

题目	面试要点参考
离开上一家公司的原因是什么？有没有对这个问题和你的上级沟通过？	求职者离开的原因是他在寻求下一家公司时要重点考虑的因素。
离职前的一个月你都做了些什么？	对本职工作、对公司是否负责，是否给予了公司安排接替人选的时间及是否配合等。
离职后的这一段时间都在做什么？	是否为未来的新工作做了必要的准备。

◎ 第六节 岗位了解

题目	面试要点参考
以你的经验判断，你所应聘的职位工作范围主要有哪些？	对应聘职位的了解程度，没有相关职位的工作经验就很难回答。
对这份工作，你有哪些可预见的困难？	心理预期。
假如我们录用你，你准备怎么开展工作？	工作的计划性、适应能力。
对于这份工作，你的优势、劣势在哪里？	自我认知。

◎ 第七节 工作关系

题目	面试要点参考
你以前的同事（上级、下属）对你的评价怎么样？	是否客观、中肯，是否夸大。
你对以前的上级怎么评价？	
你希望与什么样的上级共事？	考虑他与所聘部门的团队融合性。

◎ 第八节 工作经验

题目	面试要点参考
你现在或最近所做的工作，其职责是什么？它有些什么具体的事务？	应试者是否曾关注自己的工作，是否了解自己工作的重点，表述是否简明扼要。
你认为你在工作中的成就是什么？	了解对方对“成就”的理解，了解对方能力的突出点，是否能客观地总结回顾自我。
你认为该工作的难点或挑战性在什么地方？	只有熟悉该工作才能准确回答此问题，并以此判断对方能力处于什么层级。
在你主管的部门遇到过什么困难？你是如何处理的？	解决问题的方法固然重要，关键的是分析、判断时的思路和考虑过哪些因素。
请谈一下你在公司中职务升迁和收入变化情况？	从职业历程判断对方工作的成就和成长。
谈谈你对公司未来某一业务发展计划的设想。	了解对方思维的创造性和对工作的感悟能力，以及对本业务发展趋势的把握程度。
你以前在日常工作中做得最多的是什么事情？	通过对方对自己工作的归纳判断其对业务的熟练程度和关注度，可依此继续追问细节。
在你进入这家公司之前，你所在部门工作最大的问题是什么？现在有什么改观吗？	了解对方对工作的改善能力，要追问细节，避免对方随意编造或夸夸其谈。

◎ 第九节 事业心、进取心、自信心

题目	面试要点参考
你认为现在的工作有什么需要改进的地方？	追问细节，避免对方夸夸其谈。
你对自己的工作有什么要求？	如追求完美还是追求效率，或“对得起这份薪水”等一般性回答，判断对方的工作特性。
你认为成功的决定性因素是什么？	追问：你认为自己具备其中的哪些？
你怎样看待你部门中应付工作、混日子的现象？	对于管理者候选人可追问：你有什么改善的建议？
你的职业发展计划是什么？如何实现这个计划？	有计划的人才是真正有进取心，但要看对方所描述的是否适合本职位，或是否适于本阶段的本岗位工作。
领导交给你一个很重要又很艰难的工作，你怎么处理？	理想情况是对方在表述中流露出敢担担子、主动解决困难的情绪。

◎ 第十节 工作态度、组织纪律性、诚实可靠性

题目	面试要点参考
你认为公司管得松一些好还是紧一点好？	无标准答案，关键在于对方思路。
在工作中看见别人违反规定和制度，你怎么办？	“挺身制止”并非最佳答案。
你经常对工作做改进或向领导提建议吗？举例说明。	能经常主动改进工作（哪怕是微不足道的改进）而不仅仅是提出建议才是好的工作态度。

你在工作中喜欢经常与主管沟通、汇报工作，还是最终才做一次汇报？	无标准答案，工作习惯问题。
你如何看待超时和周末、休息日加班？	理想情况是既能接受加班，又不赞成加班。
你认为制定制度的作用是什么？怎样才能保证制度的有效性？	观察对方是否言不由衷。

◎ 第十一节 分析判断能力

题目	面试要点参考
你认为成功的关键是什么？	要求对方分析理由。
你认为自己适合什么样的工作？为什么？	希望对方能切实结合自己的性格、能力、经历特点有条理地分析。
你认为怎样才能跟上飞速发展的时代而不落后？	追问：你平时主要采取一些什么学习方式。
“失去监督的权力必然产生腐败”，对于这句话你怎么理解？	虽与工作无关，但主要观察对方的观察问题的角度与推导的思路。
吸烟有害健康，但烟草业对国家的税收有很大的贡献，你如何看待政府采取的禁烟措施？	虽与工作无关，但主要观察对方的观察问题的角度与推导的思路。

◎ 第十二节 分析判断能力

<table>
<tr><th>题目</th><th>面试要点参考</th></tr>
<tr><td>在实际生活中，你做了一件好事，不但没人理解，反而遭到周围人的讽刺和挖苦，这时你会如何处理？</td><td rowspan="4">反馈的时间应作为主要参考因素，若对方在10秒内还没有回答，自然转入下一个问题。</td></tr>
<tr><td>在一次重要的会议上，领导做报告时将一个重要的数字念错了，如不纠正会影响工作。这时你会怎么办？</td></tr>
<tr><td>假如你的主管平时不苟言笑，一天，你正和一位同事议论自己的主管，谈完一转身发现主管面色铁青地就站在你们旁边，对此你怎么办？</td></tr>
<tr><td>你有个朋友生病了，你带了礼物去看他，路上正好碰上你的领导，他认为你是来看他的，因此他接下礼物连连致谢，这时你如何向你领导解释你是来看朋友的，而又不伤领导的面子？</td></tr>
</table>

◎ 第十三节 自知力、自控力

题目	面试要点参考
你认为自己的长处和短处是什么？怎样才能做到扬长避短？	关注对方对自己短处的描述。
你听见有人在背后议论你或说风凉话，你怎么处理？	关注对方思维的出发点。
你认为自己在工作中有什么不足或欠缺？	观察对方是否敷衍。

你认为在自己选择的工作领域里，要想取得事业的成功，自己的哪些个性和素质是必需的？	
你的上司和同事怎么评价你？你认为评价准确吗？	
领导和同事批评你时，你如何对待？	观察对方是否言不由衷。
领导在部门会议上当众错误地批评了你，你如何处理？	对方无法回答时可形象举例。
你的工作很努力，也有很多成绩，但你的收入总是没有别的同事高，你怎么办？	一味只会“调整心态”的也并不可取。

◎ 第十四节 组织协调能力、人力关系与适应能力。

题目	面试要点参考
你喜欢和什么样的人交朋友？你和同事的关系相处得怎么样？请详细描述。	营造轻松氛围，尽量让对方放低戒心，展开阐述，从中观察细节。
从一个熟悉的环境转入陌生的环境，你会怎样努力去适应？大概需要多久？	不妨先举个实例引导对方，如：想象你到了一个陌生的城市拓展市场业务……
如果你调到了一个新部门，你会怎样着手适应新工作？	观察对方应付时的轻重、缓急。
你是否愿意与不同地位、职业、年龄、经历、性格的人打交道？还是更偏向于哪一类人？举个不同类的朋友的例子简单描述一下	
你怎样与你不喜欢的同事安然相处，共同合作？	观察对方阐述的是否切合实际。

题目	面试要点参考
你是否认为自己是一个比较受欢迎的人？试说明理由。	既是对过去情况的了解，又是对自知、自信的了解。
如果由你牵头，组织有关部门制定年发展规划，你应该如何开展工作？	对中、高层管理候选人适用。
如果让你接待一起群众上访工作，你会考虑从哪几方面做好这项工作？	关注对方思维的缜密性。
你部门的副主管安排你写一项计划，你写完后交副主管审阅，他很不满意，但你的计划中想法曾征得主管的赞同，这时你该怎么办？	两难问题，追问问题时力求条件苛刻，观察对方在压力下的反应。
如果你受到严厉的批评怎么办？	应根据回答追问，避免被对方堂皇的语言所敷衍。
你更喜欢主动地开展工作还是由上级指挥工作？	两类人都有可取的地方，当对方选择其中一个时，可追问他对另一类人的看法。
你喜欢独立工作还是与别人合作？	同上。
与主管意见相左的时候，而你认为你才是对的，你会用什么方式让主管接受？	公司需要的不是力争到底的坚持，而是需要更进一步的搜集资料，透过人际关系来积聚力量，找寻正确的工作决策和方法。

第二节
用简历打动我，你只有五秒机会！

话题：HR 喜欢哪种简历，以及 HR 看简历的要点。

招聘，是人力资源重要的日常工作。简历，是 HR 每天都要面对的东西。每天从早到晚看着不同的简历很容易两眼昏花，而当遇到一份精美又优秀的简历时，马上神清气爽、心情舒畅，所以 HR 对简历可是又爱又恨呐！而对于初做招聘的同事，如何从浩渺的招聘网站中筛选出符合公司要求的简历更是每个 HR 的第一堂必修课。

筛选简历确实是身为 HR 以及有招聘职责的人必做的工作和必备的技能。

我在面试招聘专员的时候问过他们，你觉得招聘工作哪一块事情最花时间，当中就有人说是筛选简历。

再慢的人看一份简历一两分钟也能看完吧，简历是了解候选人的第一步，方向对了才有可能到达终点。提升自己的简历筛选能力，提高速度和精准度非常重要。

筛选简历是招聘环节中候选人与用人单位第一次邂逅，是候选人的第一次亮相，也是体现招聘人员水准的重要参照。先过了简历筛选这关才能晋级到面试，这整个招聘活动全流程的基础。好在只要用心，这一关不难。

招聘人员要在准确识别简历质量，确保不遗漏任何有匹配价值的候选人的前提下，高准确度、高效率地工作。我了解到的，那些熟练的HR差不多看简历的平均时间都在5秒钟左右，甚至更短，我基本上3秒钟过一份简历，3到5秒时间，打动不了简历筛选人员，就基本Game Over，后会无期了。

那我们如何筛选简历呢？

简历筛选的要点：

1. 简历整体外观、年龄层次、教育背景、职业生涯结构、工作经验、薪酬期望。比如：关注简历是否整洁、规范、认真、语法文法有没有错误。

2. 关注教育背景、专业证书、学习经历的相关性。关注时间的连贯一致性。关注他过去做了什么，关键项目做的过程中候选人是执行、管理还是参与、建议、熟悉、了解？

3. 关注薪酬的详细构成以及年薪等等。

是的！HR要关注的重点就是这些，简历总体外观、年龄层次、教育背景、工作经验、生涯结构、薪酬期望……用以上信息来匹配招聘岗位素质要求以及用人部门管理者的需求偏好！合适就可以进入初试，就有了进一步展示的机会了。

除此之外，我再跟大家分享几条我以往招聘中会看的信息，希望对大家有借鉴作用。

1. 行业的相关程度。

行业和分工越来越精细化，同行经验很宝贵，在什么行业，找相关同行业的人员，匹配度会比较高。

2. 职业生涯的连贯性。

公司期望招到职业素养高、稳定度高的员工，不希望频繁跳槽，花费大量精力培养上手了就跳槽，无论对雇主还是员工本人都是种损失。

忌讳有简历中工作经验断档太久的，超过半年以上的都需要有合理的解释，要不然过不去。

忌讳频繁跳槽的，没有公司和 HR 希望你来了过不了多久就走，这对公司资源来说是极大的浪费，一般超过三年再跳槽，能显示稳定程度较好，一年以内跳槽请谨慎。

忌讳几年时间里不断转换行业和职位种类的，这种经验不仅不加分，还减分。

3. 筛选的简历大多数来自专业招聘网站，细致用心的简历将会得到更多关注。

这几年明显感觉现场招聘会没落了，人数少，现在基本招聘工作以网站招聘为主。所以，一定要把网站上的简历写得细致用心。能显示优势的自我介绍、简洁明了的以往工作经历，符合实际自身期望的薪资等等都能为候选人加分。

那些与工作无关的喜好就省了吧，与目标职位无关的一堆实习工作也没有必要写上去了。

4. 态度端正的简历。

不管美不美，简历上的照片要端庄，形象端庄比较容易获得好感。不要用明星头像或非主流的头像，HR 不一定受得了。

写的内容也应尽量不要写幼稚的话或者很有争议的内容博人眼球，会适得其反的。错别字一定不能有，会显得工作也不严谨。

就是说简历要符合以上几点要求，让招聘官觉得眼前一亮，非常优秀，就是你了的那种感觉。

以上几点是我在做招聘师选简历过程中最关注的点，希望能对你有所启发。

第三节
招聘成神，招聘专员必须知道的招聘绝技

话题：招聘过程中无往不胜的必杀技。

金九银十，九月和十月，是一年招聘好时节！是招聘的旺季，招聘如火如荼地开展着，也成为许多 HR 忙碌的重点和 HR 部门的重中之重。HR 苦于招聘、困于招聘的数不胜数，对于招聘难、招聘不易的吐槽不绝于耳。我想说的重点是：HR 做招聘是了解业务的最好途径，HR 想要招聘成“神”，就要着眼业务运营和组织架构的设计，从顶层设计着眼，招对企业经营最有帮助的人物，重点优先，重质比重量要高级。

不要忙于“搬砖”，而要“看到”你在搭建的是多么宏伟的架构体系。不希望你沉迷于筛简历、打电话、面试，周而复始地用同样的动作，而不知如何推动组织架构设计。

如何招聘成神，这里重点分享一些招聘工作的技巧。

◇ 一、筛选简历 + 主动搜索简历。

在进入面试环节之前，招聘专员的任务就是获得合适的简历，各种你听说过的、遇到过的招聘渠道都有助于招聘专员获得简历。筛选简历，关键依据就是匹配程度。业务不熟练时，可对照每个职位的招聘要求；业务熟练时，招聘要求自然熟记于心。

一般来说，看简历，应选择快速浏览的方式，正常一个熟练的 HR 看简历的速度是3~5秒，太慢你就应该反省下自己是不是不够专注了！筛选简历，先看专业学的是什么，是否匹配；再看工作经历，做过什么，是否匹配。简历多的时候，标准要严格；简历少的时候，标准可放宽。

简历可能是有水分的，要注意圈出其中的疑点，作为电话面试的问题。如工作断档被掩饰了，职位、工作责任被放大了，离职原因被美化了，工作经历被删除或隐蔽了，都有可能出现。有经验的招聘专员具有一定的敏感性，看到疑点，就会产生直觉。

主动搜索简历的必要性。

招聘专员与求职者的关系比较微妙。求职者投递简历，招聘专员去查看筛选，这种情况会让招聘专员产生一种求职者有求于自己的错觉，就是：你求我。有时投递简历不多，就要主动搜索简历。这时候，招聘专员与求职者的关系，就变成了：我求你。

因此，有些招聘专员或主管不喜欢这样做。因为主动搜索简历，要费很多口舌，有些求职者很拽，因为是你主动找我的。

特意点出这种心态，希望招聘专员要克服、调整。其实不管你愿不愿意，招聘主管、人力资源部经理也会要求你这么做。因为他们也需要承担用人部门、公司下达的压力。所以，主动搜索简历，是招聘专员必须掌握的技巧，主动搜索简历的技巧，关键在于关键词的输入。

◇ 二、主动搜索简历的技巧和心理预期。

包括职位、专业、学历、薪资期望、工作地、简历最新更新等单独或组合的设置。条件设置少，筛选的简历就多；条件设置多，筛选的简历就少。可以多试试，才有感觉。

如果筛选的简历要求薪资高，而公司对学历要求可以放低，可将“本科”设置为“大专”，其他条件不变，看看有多少简历？如果最新更新一周的合适简历不多，就选择更新一月内，甚至两月内，看看有多少简历？

筛选简历有时不在工作时间完成，因为白天的杂事比较多，经常被打断，为了完成工作，招聘专员不得不在业余时间，如晚上或周末自己加班。这个搜索的过程，会带来兴奋感，如发现很多简历下载后，以电话或邮件的方式，提交给直接主管；搜索过程也会带来沮丧感，搞了半天，设置多种条件，合适简历很少，没法提交给直接主管；或者简历虽不少，但电话打过去，很多人处于在职状态，离职意向不强，本公司影响力小、薪资低，人家不理你。

对于这些，招聘专员都要有心理预期。主动搜索简历后，保持较高的到场率是 HR 必须练就的“必杀技”。

◇三、电话邀约的必杀技巧。

有些时候我们很苦恼，好不容易看上的简历，打电话，人家不来或者不感兴趣。那这个时候，抱怨和吐槽救不了你，有必要提升自己电话邀约的技巧了。我对于自己心仪的候选人，会在自报家门后把企业介绍得很“高大上”，还有福利部分也会说一下，目的就是要吸引候选人考虑我的工作机会，进而来面试。

电话邀约注意事项：

1. 自报家门，告知我司名称，想邀约到场率高，把企业介绍得吸引人一些。

2. 确认面试人是否方便。

3. 确认投递简历的方式及应聘的职位。

4. 通知面试的时间。

5. 告知面试的地址。

6. 礼貌的结束语。

电话邀约需注意的细节：

1. 打电话时，让对方聆听到你的微笑。

切忌在拨打电话时吃东西，通话过程中始终保持轻松平和的心态，让对方“聆听”到你的微笑，多多使用礼貌用语。

2. 设身处地为对方设想。

有些面试者在投递简历时仍处于在职状态或在繁忙当中，如贸贸然打电话给他，可能会给对方带来不便。一句“你现在方便接听电话吗？”是对对方最起码的尊重。

3. 切忌以我为主。

通知对方面试，往往会发生面试时间上的冲突。如面试者在同一时间面试两家公司这种情况是屡见不鲜的。这时如坚持自己，让应聘者自己选择公司面试，无疑会让应聘者十分难堪。给别人一次机会就是给自己一次机会，在时间允许的情况下，同面试者一同协商一个时间，对于面试者对于公司，都是有益的。

4. 通话时间不宜过长。

在对方表明愿意沟通后主动自报家门，并直奔主题，把目的直接告诉面试者，切忌拐弯抹角。

提升电话邀约率的要点：

1. 充分表达公司的诚意，尽量客气和温和些，体现对人才的渴求；

2. 充分体谅对方。如果说，对方第一话就问“你们公司在哪儿？”那么表明他很在乎工作地点，我们就可以说“虽然我们公司不在市区，但我们是国家级开发区，并且有班车，还是比较方便”。

3. 先在电话里就你关心的问题沟通一下，让应聘者觉得你是了解他的，他来面试成功的希望很大。

4. 如果公司很有实力，不防在电话里预测他能在这里有发挥空间，对未来很有期待。

◇ 四、面试应聘登记表加一句话的必要性。

应聘人员应先填写应聘登记表。需要多写一句，“注：本人保证以上信息真实，否则自愿承担责任。”并要求签名，加上日期。

由于《劳动法》是保护员工的，企业在处理与员工的劳动合同关系时，需要企业举证。除了员工奖惩条例等制度和程序，在应聘登记表末加了上述这句话，对企业有利。

◇ 五、面试问题的选取。

组织面试时，面试维度及面试评分主要从以下方面考虑：基本条件、资料证件、语言表达能力、仪表举止、精神面貌。

参考题目：反应应变能力、工作经历、专业背景与招聘岗位的适配度、对企业文化的认同度、综合分析能力、团队精神。评分的要点是考察这些条件是否与招聘条件基本一致。

面试中，问问题要简短，直击要害，不要拐弯抹角，也不要一次问两个以上的问题。面试官要短问，少说，多听，切记盲目表态，即使满意也不要马上表露，不利于后期谈薪酬。

面试环节的注意要点：

面试开始时的要点就是破冰，建立和谐气氛，帮助应聘者缓和情绪，让应聘者尽快进入状态。可以通过“你怎么过来的，交通还方便吧？”等简单寒暄来消除应聘者的紧张情绪，然后再简单介绍一下本次面试的流程及时间安排等等。

面试时，如果仅是对一些问题泛泛地了解，是不能判断应聘者是否真正拥有相关的技能和经验的。

不要对应聘者有任何假设，包括简历上的信息。唯一的假设就是对方不合格。录取一个不合格的人，不仅是对公司不负责，也是对面试者不负责。

因此在面试过程中要想方设法找出应聘者的问题，为最终的决定提供有效的判断依据。

◇六、面试倾听的技巧。

高质量的面试，要具备高质量的倾听，好的面试官除了适当地说，最重要的是正确地“听”。高质量的倾听有以下要点：

1. 要始终表现出对应聘者的尊重，这是一条根本原则。

2. 先不要有什么成见或决定，应密切注视讲话的人所要表达的内容及其情绪。这样才能使后者畅所欲言，无所顾忌。

3. 必要时，将对方所说的予以提要重述，以表示你在注意听，也鼓励对方说下去。

4. 不仅要听对方所说的事实内容或说话的本身，更要留意他所表现的情绪，加以捕捉。

5. 善于倾听应聘者的弦外之音，比如，可在应聘者说完后继续追问：“你说到沟通花费大量的时间，是不是说团队的沟通存在障碍？”

6. 注意对方尽量避而不谈的有哪些方面，这些方面可能正是问题的关键所在。

7. 听到你确实想深挖的细节时，可以用重复应聘者关键词的方式进行追问。

◇七、招聘专员的压力来自哪里。

前文只是介绍了招聘专员的工作过程。但企业的招聘工作，有时要的就是结果。企业常制定月招聘计划达成率、周招聘进度等指标，让招聘专员倍感压力。招聘专员的压力主要来自以下几个方面。

1. 有的公司人力资源部的地位很低，用人部门很拽。公司在年初也没制定明确的招聘计划，临时要人，很急，一句话甩给 HR 要求尽快招到人，你去跟他沟通招聘需求，他说不清楚或根本就不理你。

2. 用人部门的经理、主管的管理水平不高，导致员工离职，便让 HR 重复招聘，增加了招聘工作量。

3. 公司薪资低、福利差、工作时间长、企业文化不好，人员进进出出，HR 招聘困难多。

4. 求职者不好应付，面试爽约。

所以，不少招聘专员每天都在忙忙碌碌中度过，搞得身心俱疲，时间长了，就产生了职业疲倦，想换工作。有些人会想：也许别的模块会轻松些。

实际上，别的模块也有压力，任何工作都有压力，招聘专员对此要有心理预期。面对招聘困难，要去克服、想办法，但不要过于苛求自己，有些情况，是你一个小小的招聘专员无法控制的。影响招聘结果的因素太多了，你只能在现有的资源条件下，不断提高自己的招聘技巧，尽力而为。

记住，我们不生产人才，我们只是人才的搬运工。

想要招聘成神，要勤学苦练，“阅人无数，毁人不倦”，要有成千上万次的练习，你才能走向招聘的神坛，突破行业招聘人员能力的平均水平，成为亮眼的 HR 之星，企业老板的得力帮手。

第四节
火力全开，教你快速招聘必杀技！

话题：如何在众多应聘者中高效地招聘人才？

一家大型的连锁童装企业，在全国范围内共有两万多名员工。公司今年快速发展，门店数量不断增加，需要招聘的职位有很多。

难点：短期内招聘到合适的人员很困难。校招、人才市场收集到的简历多，大同小异，很难识别哪些人合适。一个个面试的话，时间、精力不够。

问题：需要一些建议和方法，在众多应聘者中高效地招聘合适的人才。

正是招聘好时节，随之爆发的是处处都“缺人”的用工状态。初创期、发展期、成熟期，哪家企业都缺人，各家企业也有自身的难处。

人才是企业发展最宝贵的资源，也成了制约企业成败的关键战略制高点。所以，发挥人力资源的实力和能力的时候到了。

有个企业的人力资源经理，刚接手招聘工作，就被领导安排要招个驻点在北京的海外军工行业的市场贸易总监岗位，岗位说明写得很简陋、不详尽、加上口头告知要招做某尖端行业的海外市场营销，要求比较急，并且该岗位汇报线很高端——要向董事长和CEO直接汇报，异地招聘又急又重要。

怎么办呢？烫山芋都已经掉手里，没得选，只能上！他先是用常规招聘方式，在网络上发布岗位信息，坐等简历，可是一周的密集搜索后，合适的简历寥寥无几，仅有一份可以见一下，行业还不对口。于是，结论是这样不行，细细一想，计从心来。

考虑到目前现有的招聘渠道覆盖范围和自己掌握的资源以及岗位能力要求高级的程度，常规方式都不足以支持他完成任务，于是果断放弃原有做法，迅速与猎头伙伴联系。好在猎头伙伴是非常专业并且厉害的，与他通力合作，晚上、深夜还有周末都在面试和沟通，后面仅花了一周时间，就找到了在那个行业里面顶尖的一批海外销售人才，并且都在北京，最终快速锁定人选。各级领导及相关人员基本认可候选人正是他们想要的人。人力资源经理的这种快速行动、快速反应的表现，也给领导留下了深刻印象。

这个招聘的案例虽然是通过猎头来初步达成的，却最终帮这个人力资源经理在最短的时间内完成了上级交给的任务。

其实，这个过程中有个关键的因素保证了任务的走向和最终的成功，那就是，一个招聘人员的专业度和对招聘难易度的准确判断和招聘渠道的选择。

需要招聘技能娴熟，才能对招聘难易程度判断准确；知道哪些渠道对哪些岗位有用，效果如何；因为招聘的经验积累，才能快速准确衡量岗位的重要性，高、中、低的程度，准确感知这不是一般岗位，而是很高端的重要岗位，一般途径很难找到优秀合适的人；因为以往数年的磨练，让他在尝试两周常规方式招聘后，迅速选择了“猎头”招聘——这条最适合本岗位的招聘方式。

在这个过程中，他采取了有效的行动策略，并且积极行动，解决问题。人力资源人员的主动积极协作，让这个招聘工作全部环节的所有参与者感受到本公司人力资源从业者的专业性。

作为 HR，在招聘方面，我们不生产人才，我们只是人才的搬运工。成熟的 HR，在工作时会有所敬畏，知道我们并非万能，也懂得适时寻求外援，而不是一味孤军奋战，错失企业发展的良机。

一个优秀的招聘 HR，并不一定能把所有岗位都在规定的时间招聘到位，而是能在任务一定的情况下，选择最有效的路径，最快捷有力、最大限度地创造成事的可能性。

而且优秀的 HR，不是仅仅翻翻简历、打打电话、约约面试机械劳作，不是以招人为终极目的，而是用头脑干活，善于解决问题，达成目标，通过对人力资源的选用，以支持业务、支持战略为目标，着眼全局。

言归正传，教你火力全开，快速招聘的办法。有哪些建议和方法，可以帮助 HR 在众多应聘者中高效地招聘合适人才？

◇ 一、我觉得最重要的是人要对，人对了技巧才能有用。作为HR，你要够专业！够强大！

HR 你要够专业。

你的知识和技能、经验水平，决定了你工作的效率和水准。台上十分钟，台下十年功，作为招聘人员的你，一定要有专业的知识，深厚的经验积累，还有火眼金睛的金牌面试官的眼力。这样才能在如今的人才大战中，快速有效地完成任务。

相信好的 HR 我们都遇到过，因为 HR 专业或者热情友好，而对该公司亲睐有佳，从而加入公司的。可见，要完成招聘这样环环相接的任务，HR 是其中重要的影响因素。而奇葩面试官，是会拉企业后腿的，甚至影响企业形象的。

HR 你要够强大！招聘 HR 的压力无疑是巨大的，招聘的数量大、有时限强压，还有候选人各种奇葩以及爽约、放鸽子、拒绝 offer 层出不穷。时间一长，负能量满满，无处倾吐，会溃不成军。最后人没招到，HR 先走了。

所以，要想避免自己悲剧，并且快速顺利达成招聘任务，HR 必须强大！有强大的心理素质，好用的排压机制，才能顶得起一天100通邀约电话、十多场面试，每日几十上百的人员录用后续事宜。要有好身体，并且懂得排遣压力才行。

工作中遇到任何事情都是可能的，能改善的就去努力，改变不了的一笑而过，别太走心，放过自己，公事私事分明，尽可能过得快乐一点！

◇ 二、熟悉你企业的业务，助力快速招聘。

既要低头走路，也要抬头看路。HR 熟悉业务，才能知道企业路在何方，企业的需求是什么，要招什么样的人，满足何种岗位要求，主要负责哪些工作，这些工作对人有哪些需求，候选人的哪些条件是有利的，哪些因素是限制性的。

这样，需求对了，才能选择有效的招聘渠道和招聘途径。甚至，明白这些能力素质的要求时，可以制定出适合这个群体的最佳招聘方案和招聘模式，助你快速招聘。

总之，先熟悉和学习企业业务，需求搞懂了，才能有效率地实现招聘，并且选对招聘应对的策略。一般来说，招聘过程有面试与笔试，笔试中有各种不同的题型，如选择、判断、问答等，面试题目则会较多地关注个人状况。

◇ 三、精准掌握每个环节的关键点，有效行动，灵活应对。

高效快速地完成大量招聘任务，除了前面讲的提升 HR 能力，找准需求以外，还有些技巧可以用。那就是精准掌握每个环节的关键点，有效行动，灵活应对。

1. 梳理招聘渠道。

网络招聘，综合性网站、行业性网站、地方性网站、政府性网站、服务性网站。报纸招聘，中华人才报、当地人才报。招聘会，参加附近的一些招聘会。选择最有效的招聘渠道，使投入产出比最高。

2. 优化招聘流程。

第一阶段：准备阶段，要做的工作有确定招聘职位和人数，确定完成时限；清楚轻重缓急，抓住重点，同时有些不必要的或者可以延后的岗位可以识别出来，先缓招。集中主要力量解决主要矛盾。

第二阶段：招聘实施阶段，发布招聘信息；收集和筛选应聘资料；测试与面试；录用。

企业面试人员众多，可以梳理出标准的企业介绍、高频问题的回答、尤其将结构化面试的问题标准化，这样即使是新的招聘人员也能迅速知道到高效快速招聘的工作技能和技巧了。

时间有限，几个小技巧先抛砖引玉，你也可以想出更多好的技巧：

（1）如果时间紧张，可以设计笔试题进行初筛，效率会高、节省时间。

（2）简历多，大同小异，全都来面试又浪费时间，可以在电话邀约的时候进行简短的电话面试，合适的再邀约现场面试，这样能预先排除不合适的候选人，同时提高现场面试的成功率。

（3）另外，招人最快最有效的方法是内部员工推荐，当然也要防范会形成小圈子的风险。

火力全开，快速招聘。HR是任务中重要的一环，拥有金刚钻，才能出瓷器活。努力吧！你为梦想所走的每一步，步步都算数。

第五节
猎头与你一路同行，招聘，强中自有强中手！

话题：做招聘的HR应该如何与猎头人员PK价值？

这个场景你可能遇到过，由于用人部门急缺人才，为了解决公司的人才困境，HR向领导推荐了猎头公司。在某猎头的帮助下，拿到了一些不错的简历给老板。结果老板收到简历的第一句话就是：“为什么猎头找得到人而我们找不到？”

都说术业有专攻，为什么感觉猎头在招聘方面就是比我们HR更专业呢？

猎头一般都是如何找到优质简历的呢？他们会采用哪些渠道和方法呢？对于从事招聘工作的HR来说，应该如何与猎头人员比拼价值呢？

正所谓是一入招聘深似海，此恨绵绵无绝期啊！

招聘永远没有尽头，创业或企业发展新业务，招聘要跟上；战略扩展和变动，招聘要跟上；还有无休无止的离职补缺，招聘要补上！

人才是企业发展最重要的因素，套用葛大爷的一句名言："21世纪什么最贵？"答曰："人才"。

招聘工作是找寻人才的重要工作，可以说是伴随着HR部门，如影随形。猎头也会与企业HR相伴同行。

借着"做招聘的HR应该如何与猎头人员PK价值"这个话题，以及"为什么感觉猎头在招聘方面就是比我们更专业呢？"的感慨，我们一起来解析下猎头与企业招聘人员的不同，洞察可取长补短的部分。

因为身处职场，从事的是HR的工作，所以既可以是猎人们的伙伴也可以是"猎物"。如我这般，当然也有被猎过的经历和经验，没成功的我称之为"经历"，成功了的就是我的"经验"。

现在回头看过去，与我一直保持联系，并且一有机会就想与他们合作的猎头公司，有相当一部分比例正好是猎过我的，并且在交流过程中我感觉很好、很专业的那些"猎头"；即使没有成功也真诚相待，与我成为朋友的猎头。

他们在与候选人沟通、交流、说服的时候，给我的感受也是区别于企业HR的别具一格的专业和热忱。甚至有些猎头堪称"师者"，是可以学习的榜样，有些佼佼者睿智到能指点自己的职业生涯，给我很多帮助。

到底为什么猎头的招聘能力这么神奇呢？

我曾经给合作的猎头各送了一套《猎头局中局》，中国第一部猎头商战小说。值得一读，可以领略猎头的谋略以及智慧。书中主角萧东楼本来是创业失败的研发技术人员，后来在猎头的职位上在商海沉浮，小说情节跌宕起伏，非常精彩。

小说来源于生活，我想通过我身边的猎头朋友，让大家看看哪些人在做猎头，以及他们根据亲身经历口述的猎头与企业HR的不同之处。还有，为什么猎头找得到人而我们找不到？让我们走近猎头，一探究竟吧。

猎头代表一

猎头公司的合伙人Jack。Jack在外企工作十年以上，英文说得比中文还要溜，做了多年的人力资源总监，后来自己创业开了猎头公司，目前业务做得风生水起。

昨天还打电话聊天，他说最近一个月搞定了三个VP的职位。最传奇的是，对方公司的人事总监被下最后通牒，半个月期限内必须要到位的一个三个月都没有搞定的VP职位，原本很绝望认为根本不可能完成，从联系他到确认候选人他只花了11天搞定了。

他是我目前接触的最厉害的猎头，儒雅大气、敬业专业。他推的简历数量不多，但是却总是匹配度最高的人。这样的工作风格大大节省了我的时间，同时我对他刮目相看，觉得省力又好用，有如神助攻、超级“外挂”。

关于为什么猎头能找到我们找不到的简历，还有企业HR与猎头的区别，他是这样回复我的：

1. 猎头积累了多年的人脉。

2. 猎头顾问都很专注和专业，每天专注招聘，没有企业的那些杂事。

3. 同时一些职业经理人也比较愿意和猎头先接触，他们担心和HR先接触会泄露一些信息。

4. 猎头之间横向相互支持的能量非常大。

5. 行业竞争的需要，如果公司之间通过 HR 直接挖角，可能会有法律纠纷。

6. 中高级人才的“隐蔽性”和“稀缺性”决定了寻找中高级人才和优秀人才必须依靠专业猎头公司的帮助。

7. 有效地降低用人成本，尤其是用人的机会成本。

猎头代表二

香港某家猎头公司的高管莫妮卡，训练有素的职场女精英，空中飞人，经常看她的微信朋友圈里两岸三地到处飞的状态。莫妮卡有很高的职业素养，还有理性客观的分析能力，坚持原则但处事灵活。她提供的候选人非常精准，带有香港特色的敬业，无论多晚，都会及时给我回馈，并能迅速领会我所描述的岗位胜任力模型，行动迅速而果断。听说他们目前已经在开了分公司，前段时间还约我一起出来见见面。我也正有此意，看来这个约要摆上日程了。

关于为什么猎头能找到我们找不到的简历，还有企业 HR 与猎头的区别，莫妮卡是这样回复我的：

从她个人的感受来说，她觉得有这几个方面：

一是猎头的人才储备更大。

虽然现在网上资源很多，但是除了一些超大型企业或者长期建立人才库的企业，其实论储备，还是专业猎头更大。并且有些猎头买的平台也多。比如我们公司就是海内外的平台资源都有买，而对企业来讲，针对单个职位，这个价钱不一定划算。

二是猎头的沟通能力更强。

前期与客户、候选人的沟通，都是为了减少双方的障碍，并且因为有中间人，当出现分歧的时候，好的猎头往往能成为润滑剂、缓冲剂，促进沟通。猎头会综合市场和 case 的情况，主动和双方进行沟通，在高端职位招聘中这一点还是很重要的。

猎头代表三

深圳一家上市猎头公司的猎头顾问，芬妮。

她很年轻，本科毕业后进入这家上市的人力资源服务公司，从事猎头工作。芬妮，很热忱也很好学，我记得我们第一次见面是在深圳少年宫图书馆，后来她蹭过我的 MBA 课程，我还助她考过了企业人力资源管理师的认证考试，据说她会因此加工资，我替她高兴。

当周五得知我在寻找猎头招聘 VP，这小妮子说，要周六加班帮我找。敬业和热情的程度真的很高。在做猎头的过程中她谋算人心，洞明世事，应该是成长得很快。

关于为什么猎头能找到我们找不到的简历，还有企业 HR 与猎头的区别，芬妮这样回复我的：

“这是一个众人皆知的秘密，当然是酬劳方面。企业的 HR 拿的是固定工资，猎头获得的是候选人年薪25% 的金额作为酬劳，多劳多得。所以积极性很高。

并且他们没有其他模块的琐碎事情，专注一项，并且常年做高端人才的招聘，积累的经验和人脉、途径、渠道都会与企业的 HR 各有不同。所以，工作成果高下立判。

对从事招聘工作的HR来说，应该如何与猎头人员比拼价值呢？我的建议是：

1. 有专业的合作伙伴，完全可以考虑外包。

让专业的人来辅佐和支持我们的工作，完成招聘的任务。在合作中说不准你能学到东西呢！虚心向他们学习招聘的方式和方法，以及待人接物的处世之道。

2. 向他们学习，但是有自己的侧重点。

你要知道自己的侧重点是什么，人力资源有六大模块，要想清楚哪一块才是你的菜。方向错了，便会南辕北辙。

3. 企业内的HR有自己的独特优势。

招聘与配置，配置好的更高端。我最欣赏的一类HR就是不拘一格，善于用出人意料的方式解决问题的人。招聘需求拿到以后，是否可以内部调动，内部晋升？亦或通过培训来内部培养骨干？这种功能，也能显示自己的专业。内部资源盘活，可以避免盲目扩张对组织的伤害，还能给内部员工希望，即顺畅的晋升途径，组织发展健康而又有活力。

还有，你要做总监还是在招聘的路上一条道走到黑？既要低头赶路，更要抬头看路。如是想往甲方的HRD方向发展，就应该合理分配自己的精力，借猎头之力，借力使力，也能完成组织架构搭建的重要使命，同时在内部管理、在人力资源其他模块上下功夫，才是晋升之道。

HR有稳定的职业晋升通道，猎头有丰富的人脉资源和强大的能量，HR工作者与猎头可以说是重要的伙伴，合则两利，分则两败俱伤。互联网时代，也是大众创新、万众创业的年代，创新创业均需人才，离不开招聘的 HR，也离不开猎头。

对企业的 HR，我的建议是，尊重他们，合作要有诚信，工作要有职业道德，既是合作就要言而有信，因为行业真的不大，总会再次相遇，谁也不希望越往上走，遇到的敌人多过朋友。

对猎头，我的建议是，用心聆听企业 HR 的岗位诉求，提供更精准的简历，不在多而在准，方能显示专业。还有，尊重你的候选人，无论成与不成，都要及时回馈，给予充分的尊重和关怀。这样随着他们职业生涯的发展，总会有一天想起某年某月认可和帮助过他们的猎头们。

我身边既有猎头到企业工作的，也有从企业去猎头公司工作的朋友，职业轨迹你中有我，我中有你。

招聘凭实力，强中自有强中手！结果论英雄，企业 HR 与猎头，可以一路相伴，互相学习。

第六节

你那只是聊天，高水准的面试是这样的

话题：面试能力训练——选取面试的几个重要高频问题逐一解剖。

招聘工作在大多数公司都非常火爆，也非常受企业和人力资源部门的重视。

无论大企业、小企业，大家普遍反应招聘压力非常大，对优秀人才极度渴求。

其实也不难理解这种现象，互联网时代信息技术更新迭代很快，民营企业的平均寿命2.78年，所以企业希望人力工作能够做到召之即来，来之能战，战之能胜。而鲜少有企业再会有耐心做人员的长期培养，即使培养出来了也会要求加薪或者翅膀硬了直接跑掉，为他人做嫁衣。而招聘，就成了一剂药到病除的良药。

食君之禄，替君分忧。响应趋势和需求，做好招聘工作，成了人力资源从业者的职场制胜法宝——招聘工作能奠定 HR 在部门乃至公司的地位，

同时也非常能显示 HR 的能力和实力。

招聘工作，最考验实力水平的应该是面试环节了。相信大家都或多或少参与过面试，至少也是被面试过的吧，但是面试过和懂面试甚至能够专业地面试可不是和次数划等号的。你的面试水平在哪个层级？

有可能你的面试就是聊天，别人家高水准的面试和你的不一样。

第一问：请您自我介绍一下。

一般进门寒暄过后，必然会请候选人自我介绍，是面试必见的问题。这个问题看起来不难，但是对于高手面试官来讲，这个问题回答完的三分钟里，这场面试就基本已经大局已定了，后面的问题都是在验证自己的结论。

对于这个问题的回答，思路等同于那个很出名的哲学问题：你是谁，你来自哪里，你要去哪里。按照这个逻辑回答。

细讲就是你姓甚名谁，专业、以往工作的经验，为什么要离开旧的地方，想要去哪里？以及这里面你的优势和哪些方面与企业需求匹配，即为什么你要来我们这里，你有什么优势。作为候选人，按照这个逻辑回答了，面试官基本会比较满意。

自我介绍的部分，还可以按照总分总的结构，即开篇给自己一个定义或总结，比如我是谁，非常荣幸能有这次面试的机会，我认为我有足够的实力能够胜任这个职务。中间可以分为以往理论学习方面的积累和工作经验方面的积累，展现自己的优势和成果。最后结尾，联系企业的特点、岗位的特点，和自己的职业规划进行联系，结论，我是这个岗位最合适的人选。打完收工，淡定沉稳自信，面带微笑收尾。

第一印象完美收笔。这样的回答，就是高手的回答。

第二问：你的优势是什么？

这个问题看似不难，但是也不要太放飞自我，忌讳无章法地发挥。

面试官问的这个问题，也是在考察你与岗位的匹配性。候选人的回答要以胜任该岗位的优势来答，他的理论积累，核心竞争力，团队领导力，比如以往行业、经验的相关度，以往成功的经验，以往带领团队获得胜利的成果，以往受过的专业化训练等。

面试官应该看的是够硬的资质、资历、技能。说你考的几个证书都比说学习能力强来得有说服力。

不适宜的回答，比如候选人说优势是爬山、画画、打游戏等与岗位无关的内容。还有回答“沟通能力强”“能吃苦”“有耐心”这些不能体现适配能力的特征。还有回答个性特征的，说自己的优势是性格活泼开朗、热情、幽默。其实这几种回答不见得不好，但是，这与岗位关联度不大或者不相关，不但不能加分，还可能导致面试跑偏。

与面试筛选的目标无关的优点不要多说，面试时间宝贵，要抓重点，不要太分散注意力。

第三问：你的缺点是什么？

这是个坑爹的问题，还得自己挖坑埋自己，不少人会中招。说实话还是说瞎话？我说了自己的缺点会不会影响我的形象？

有些人会暴露自己生活里的问题比如“暴躁”“没耐心”“多与家人有争执”等。还有说自己懒惰、内向不合群这类减分自残的回答，严重的会被直接赶出局。还有一些人刻意把自己的优点包装成缺点的，比如说“我过于追求完美”“我过于细心”等，这其实也是自作聪明，显得很浮夸。

这些回答都不够聪明，而面试是选聪明人的过程。

回到面试的主题，这个问题很好回答，缺点是实事求是地找目前做目标岗位的不足就好了。比如：对目前公司环境不了解，想要时间熟悉；刚毕业社会经验不足；行业有跨度，需要时间学习和了解；目前管理经验尚不丰富，需要机会。

最好是你缺少的东西，正好是公司可以给你的，公司正好可以给你熟悉企业文化、给你工作经验、给你行业经验、给你管理经验。大家一拍即合，多和谐啊。

就事论事，让自己的缺点也是面试官乐见其成的，企业拥有的就是自己需要的。

第四问：你为什么来我们公司面试？

回答这个问题，核心是将自己的职业生涯与公司发展平台岗位需要结合起来，让你与岗位契合起来。

分三步：先谈你的理想、职业情操，再谈公司哪里比较吸引你，最后把自己的个人理想愿景与企业的愿景结合起来，做一个美好的憧憬。这个回答就相当完美了。

但是忌讳说为钱而来，为了活少离家近而来也不高明。显得很俗气，失了气度。

第五问：面试官让你就你某项能力、特质或项目，举例子说明。

面对情境化、行为化面试，要用情境化、行为化的回答来应对。在什么样的情景，发生了什么事，有什么后果，你做了什么，起到什么作用，后面效果如何，你的经验和教训是什么。

举例子要注意放在特定的情景里面，最好要有画面感，画面感越强烈，效果越好。

比如刀郎那首歌“2002年的第一场雪，比以往时候来得更晚一些，停靠在八楼的二路汽车，带走了最后一片飘落的黄叶。”然后发生了什么事情……巴拉巴拉一通讲解。

这只是情境化的一个例子，符合5W4H 的原则。有时间，有当时的环境，你的处境，后面发生了什么事情。当然这个时间也要围绕问题，目的是展现你的能力，增强匹配岗位的说服力。

人人都爱听故事，起承转合，引人入胜，结局出乎意料。讲好故事也是一种水平，让面试官喜欢你的故事。高手的情境化回答，会让面试官感觉余音绕梁，画面久久不散，对你的印象必然会很深刻。

好了，看出来区别了吗？对比一下和你的面试现场差距有多大？

面试提问不简单，每一个问题，看似简单，实则暗藏玄机，必须要紧扣人岗匹配的主题，才能显示出面试官和候选人的高水准。

面试官要经过专业训练才能胜任，而专业的面试官也必然是被面试候选人中的佼佼者。

面试是招聘最核心的能力，无可避免，就好好掌握它吧。高超的面试技巧，能让你一骑绝尘，成为职场逆袭的法宝。

想要成为高手面试官，没有捷径可走，需要成百成千次的练习，外加正确方式、理论的学习。

招聘高手都是从“一将功成万骨枯”里走来的，多面试、多练习，一个动作练到极致，一套问题反复提问，体会每个问题回答的不同，每个回答背后折射的动机、逻辑、思维方式和阅历。

“阅人无数，毁人不倦”，练就一身的内力、定力、洞察力和判断力。历经沧海，才能笑傲江湖。

第三章

炼石补天——培训与组织发展篇

第一节
想做培训师，请先构建你的知识管理体系

话题：成为培训师需要准备哪些条件？

招聘的硝烟过后，先别歇着，是时候准备下，该做人员培养了吧？培训会被排上日程。

从事人力资源工作多年，各个模块都有深入接触，但是我最喜欢做的就是培训工作，尤其是讲课。我很享受那个过程，相信很多 HR 也或多或少有讲师梦。那该怎么实现讲师梦呢？

培训岗位人员的工作内容有设计年度、月度培训计划，组织实施培训计划。培训师还要有课程的编、导、演的能力，可以说能从思维逻辑、肢体表现、语言沟通方面全方位地打造一个人，非常锻炼人。好的讲师，犹如“明星”般充满魅力，熠熠生辉，闪闪发亮，还自带光芒。更不要说，外部培训师一天的酬劳都是以万计，分分钟秒杀企业内部苦哈哈的人力资源职员。

做讲师，也是人力资源的职业出路之一，也是快速升值、知识变现的手段之一，更是 HR 体现自身价值实现人生逆袭的法宝。

可谓，台上一分钟，台下十年功。成为讲师，光靠想是不够的，要行动起来，但在行动前，你需要知道该如何行动，需要具备哪些条件。

成为讲师，最重要的起点是什么？

是讲课，讲课是培训工作的一个环节，却也是最考验能力，彰显实力的一环。别人来听你讲课的前提，是你要懂得比别人多，比别人拥有更多的专业领域知识、专业的课程模板、足量的知识资源库。做讲师，就要会讲课、经常讲课。

培训师的十年功里，最核心的是构建自己的知识体系。

没错，想做合格的培训师，先得构建你的知识管理体系！

那到底什么才是最好的培训师？纵观市场上学员对讲师的正面评价，最多的好评来自于“干货”、“接地气”。

有干货是不容易的，必须是专家。有些讲师很难获得高的价格，而有些讲师动辄出场费百万，区别在此。在于有没有干货，接不接地气。

什么是有干货？

1. hold 住主题并有自己的见解！

大神和小白的最大区别就是，深度的思考力，大神总有独到、一针见血的见解。

2. 懂得如何实现牛逼的业绩。

让学员听过你的课后业绩倍增，有些人听了你的课以后成长发展得更快，就是讲师价值——快速培养行业狙击手。

3. 有扎实的专业领域积累。

有的老师可以讲多门课，有些人只讲HR方面的课程。课程范围的专业领域必须要非常精通又全面；但不是光懂这些就够，还要有其他的知识储备，才能适应和接地气。

4. 构建一套自己的逻辑体系才是王道。

内涵和逻辑架构才是真谛，有好的逻辑架构才能经历时间考验，经得住细细琢磨。

专业讲师的授课资源需要日积月累，日常我们可以有意识地花精力来积累这些东西：

1. 案例库、视频库。

积累各种各样的案例素材。如何做案例、加工案例？视频的积累，有利于你课程的开展。除此之外，还有互动游戏、授课技巧积累，非常重要。

2. 能分享系统原创的课程模板更牛。

讲师做出品牌和口碑，靠干货以外，更是靠你将讲课的内容、培训的逻辑系统化、思维化，有可以分享的关键的思维逻辑的模板。有一条系统的价值链，有结构化的模板，和关键操作要点。整理成可操作、可理解的模板。

拆解动作，这样的老师在市场上还是很稀缺的，每个人都可以在工作中深入学习。

想做长久最好不要复制别人的东西，而应该有自己的见解，有实实在在的经验和自己独特的体悟。讲自己最擅长的课，讲有自己心得体会、有实践经验的课程，会更有感觉。

那么如何快速提升和修炼？

1. 需要深入、系统地学习理论和实践知识。

2. 亲身实操演练是关键。凡是经历过的才有自信，并且有真实的感受，亲身实践的知识和技能的分享更能打动人。

3. 总结、提炼、深化出自己的东西。有学习能力，还要顿悟总结。讲师一定是个高智商的职业，悟性和总结能力都有高标准的要求。

4. 顿悟。快速领悟到精髓，一针见血地看到事情的本质和核心。并能够把复杂的事情拆解，用深入浅出的语言让别人了解，这也是种能力。

还有，建议你不要一出社会就做讲师，社会经验不丰富，刚出来就做讲师的都是忽悠！你想做好讲师，就该在职场中历练达到某个职位，达到某种高度，才能有足够的水平向你的受众传播。比如你想给各种总监做讲师，你必须做过总监甚至是总经理、老板级别，才有可能有料，别人才能服你。

最后，还有几个秘诀分享：

1. 还有一个工具可以用：利用思维导图做逻辑和系统的整理。

在实践中积累案例和模板，对在某个领域做精做透，非常有必要。

研究业务关键的操作要点、核心操作动作，研究帮助学员业绩突围的方式方法等等。

2. 自己的案例才是最有感染力的。

一定要有大量的亲身实践，自己亲历过的东西才能感动自己，感动别人。大学教授因为自己没有干过，所以感染不了别人，也吸引不了人。

3. 标杆实践。

找到研究行业内最牛的标杆实践。成功案例、失败案例以及行业标杆重点案例。研究组织变革。用别人的标杆实践结合自己的亲身实践，课程素材就成型了。

4. 一定要成为行业的专家，才能形成口碑和品牌。否则，总是个忽悠，长久不了。

5. 将自己掌握的知识加工、整理、做透，并长期实践这个过程。

6. 刚开始练习，不建议拼数量，而应该单点突破。应该从最擅长的一门开始练起，单点突破，再向相关方面发展实现由点到面。

7. 熟练掌握 PPT 技术、视频、图片配色技术。

花时间做 PPT 素材库的搜集和整理，花时间做视频库的建设与丰富，也可以花时间做视频剪辑、专题节目、主题拍摄。学会自己去加工剪辑，收集整理各种视频素材。自己拍摄很难，有机会可以去尝试。花很多时间搜集案例，建立自己的素材库，还要在教学与咨询项目中积累新案例。素材积累得越多，水平就会越高。

8. 成为优秀讲师，必不可少的一环就是写出来，把思想形成文字，从写围脖开始试试写自己的观点。无论是对推广还是对自己品牌建设都是必不可少的。

如果有些人做讲师只是玩票，不想那么累，也可以跟随“大师”，哪些课程好，去学了再讲也可以。

但是如果你想要成为“大师”，你的优势适合做品牌课程并有这个能力的话，还是建议原创，因为这样更能锻炼人，水平层次也会更高，获得的经济价值也会更高。

每个想做讲师的人，都应该想想自己到底要走哪条路，当你想明白并照这条路走下去，你离成功就不远了。

第二节
培训是个聚宝盆，辛勤耕耘，不宜荒废！

话题：小企业的 HR 该不该做好培训呢？

招聘需求较少的小公司是否需要集中进行新员工培训？对于这个话题，我感触颇深，因为我也曾做过几年全职培训岗位。

一家电子商务公司，目前一共有60多个人，人员还算比较稳定，招聘需求也不是特别大，平均一个月入职2~3人。以前公司没有新员工培训，只是由 HR 做相关制度的简单讲解。最近领导认为新员工培训很重要，要求人事部门做好新员工的入职培训，培训内容包括公司简介、人力财务知识、公司产品介绍等。

入职需求较少的小公司需要进行集中的新员工培训吗？对于这种情况应该如何培训才能使效果更好呢？

关于第一个问题，我想是没有选择余地的，领导要求要做，不是商量，作为下属你没有办法拒绝的。所以先定个调子，自古华山一条道，于公于私，人少的公司，正规集中化的新员工培训得做，有余力的话正规化的培训也得做好！

无论从公司发展和个人成长的角度，把新员工的入职培训这件事做正规、做好，都是一个绝好的点子和 HR 个人成长发展的好机会。

公司要往更好的方向发展，需要训练有素的员工，员工也需要成熟有秩序的培养发展平台。公司和员工都需要正规化的培训，培训做好可以多方共赢。作为 HR，格局和眼界也要放长远，不要光为做事而做事，更要理解企业的战略发展意图，企业有发展雄心并愿意给你发挥才能的机会真的是好事。而且如果你通过做好入职培训，练就一身培训的本领，对自己的个人和职业生涯发展一定是大有助力的。

所以，即使是小公司，集中化新员工培训也要做！而且要真心实意、实打实地去做好！

纵观我本人的整个职业生涯状态，我觉得自己反应最快、表达最精准、沟通能力最强的时期正是我做培训的那三年。这个过程给了我很大的财富，练就了我职场所需的“软”实力，即个人综合能力、职业素养。

我大学毕业后第一份工作就是在台资企业做培训主办专员，因为是制造型的企业，那时候我和另一个同事合作负责全工厂的所有培训，入职培训是其中一部分。每天多的时候入职四五十人，少的时候两三个人，每天办完入职手续后就是入职培训。我们轮流来培训，一人一天，每次培训半天，培训的内容也是公司介绍、企业文化、各种制度及员工行为规范。台企的工作流程非常规范，仅入职培训这个动作我重复做过无数次，每一次都会有新的进步、更新颖的表达和互动。

同时，随着练习次数的累积，培训的功底——口才、台风、临场控制能力、反应能力、表达能力、思维能力就都练成了。也是因为有培训的讲师功底，锻炼了我的思维和表达。

一个动作反复练习，练到“极致”，就会成为绝招。

就像电影《基督山伯爵》里男主角在监狱中用手千万次地击碎滴下来的水滴，待重获自由之后，他成为速度第一快的剑客，成功复仇。新员工的入职培训是培训入门的基本功，次数越多，培训功底越扎实。而且当你做到一定的程度，成绩是自己的，能力和经历也是自己的。

做工作，不应该只考虑参训人员数量，而应就质量入手。

谁说小公司的培训就不能做得比大公司规范呢？

试想，如果我们能把培训做得很出色，有创意，对企业吸引和激励、保留人才是大有助益的。

同时，培训不一定要沿用以前的路数，时代变了，受众也变了。互联网时代在做培训的方式方法上有很多选择，有很多新颖的方式和可利用的资源工具。

那么，该如何培训才能使效果更好？我推荐传统的集中式面授加移动互联网式的学习。

集中式面授

对案例中的公司来说，新员工入职培训，两个月做一次即可。在这一次现场培训中，要做好课程和内容设置，提倡员工互动，让学员充分掌握“公司简介、人力财务知识、公司产品介绍等”内容。

即使有些月份只有一个人，也是你练习培训技能的机会，同时显示公司对员工的重视。没准你培训的某个员工，就能引领公司走向成功的巅峰呢？

培训能创造价值也是福利，重视培训就是重视员工的发展和成长，未经培训的员工是最大的成本。

集中式的培训与移动互联网培训打一套组合拳。除了新员工培训以外，其他种类繁多的培训内容可以通过移动互联网的方式实现培训的目的。

移动互联网式培训

随着移动互联网的发展和普及，手机、ipad 等设备已是员工们最亲密的生活、工作的工具，它们促使信息传播得更及时、便利，并具有社交性。

换言之，移动互联网设备既能贴近我们生活，又能最有效地弥补企业传统培训和沟通上的缺陷，成本低、效率高。因此，以移动互联网设备为手段展示、传播企业文化，普及专业知识，让更多不同岗位的员工随时随地掌握自己所需要的知识，从而实现员工综合素质的全面提升。移动互联网培训是我们必须要掌握和运用的有效手段。

移动互联网化的培训具有以下优势和方向：

一是培训形式移动化。

截至2017年，我国拥有智能手机人数已超过五亿人。智能手机的迅速发展，为培训移动化奠定了坚实的基础。

二是培训时间碎片化。

在忙碌的社会和工作环境重压下，员工已很难有大块的时间和淡泊的心情去进行系统化学习。所以，见缝插针式的学习方式已成为目前人们获取知识最重要的方式，而移动互联网设备满足了人们利用边边角角时间进行学习的需要，也提供了便利条件。

三是培训设计游戏化。

移动互联网设备以其游戏化的培训内容激发出人们对学习的兴趣，从而使学习变成一种主动的行为，其效果远胜于传统的培训方式。

四是培训互动社区化。

如果把一个微信群比作一个社区，那么微信群中的某一项活动就会影响到群中人们的行为，这一点是毋庸置疑的。所以，建立微信群进行文化展示、信息传播、知识普及，能够更好、更有效地影响到微信群中的个体。培训互动社区化，加强了企业内部的凝聚力，如果鼓励对外传播和扩散，能有助于雇主品牌建设。

目前，很多企业都认识到运用移动互联网做培训的实用性和有效性，诸如国家电网、中国银联等企业也都进行了利用，他们利用移动互联网这个传播平台的巨大能量传播企业文化、培训信息，员工也通过这个平台反馈培训效果、意见和建议，达到了良好的互动沟通目的，从而使培训更具针对性。

利用移动互联网进行培训是培训方式的一种创新，这种创新第一时间就得到了绝大多数参与者的认同，所以下一步我们要做的，就是尽快去参与、去利用、去完善。

关于移动互联网的培训体系和系统的建设，我不建议小公司的 HR 自己设计和搭建，这个不现实——成本太高、周期长、资源和素材都不够丰富。我建议选择专业服务商进行外包，市面上有一些专门的供应商可以选择。

做 HR 的一定要多学习，更要与时俱进，学习最先进的技术和工具，相信你的路会越走越宽广。

第三节

培训不得要领？高手教你做好培训的四个关键点

话题：把培训做好的几个关键点。

培训不好做，做来做去越来越不受重视，不如招聘成绩来得那样快。但是，培训又是人力资源的重要职能，为人才赋能，团队效能升级迭代，在企业发展和壮大的趋势里提供人才保障。

做好培训，类似于开车，想要做好得找到油门和刹车，才可能平稳运行，收放自如。

而培训的主要关键环节是找准需求、培训体系规划、培训实施、培训评估，四个环节环环相扣。不仅要做对的事，也要把事情做正确。

培训的四个关键环节：

◇一、找准需求。

找准培训需求，是做好培训的第一个关键点也是最重要的关键点，企业的需求找准了，摸清哪里是阻碍企业发展的痛点，才有可能做好培训，才能清楚地知道需要哪些资源、哪些人参与培训、内训还是外训等问题。

需求找准，直击企业发展的病灶，非常关键。如果找不准，培训即使做得再精彩、员工有多认同、老板多喜欢也是没有用的，不能解决问题，无法带来收益的培训，到头来还是失败的培训。

有些培训师，两耳不闻窗外事，一心只做PPT，哪个课程火、够激情就做哪个课程的培训。不顾需求，只图自己讲得痛快，极尽忽悠之能事，听的人也很开心。

只是这种光靠鼓劲打鸡血是不行的，没有实际方法、技术、知识、信息的提高，只是一味强调"激情"、"正能量"、"忠诚"这些洗脑的话是不够的，问题得不到解决，早晚还得面对现实。

在做培训需求调研的时候，会遇到许多情况或者是看似是病症的假象。负责培训的HR一定要练就火眼金睛，能够透过问题看本质。

举个例子，公司跨部门横向沟通不畅、士气低落，靠培训能解决吗？很遗憾，培训不能解决。

因为沟通不畅，不一定是沟通的问题；士气低落也有各种各样的原因，也不是靠沟通技巧就能解决的。

沟通技巧的培训不一定能解决问题，因为本质的原因很可能是工作目标、制度、流程的问题。

一个集体的沟通需要共同的目标、合适的工具就可以办到——邮件、微信、QQ都行。如果部门的沟通需要靠技巧来解决，那极可能是态度问题，是管理问题引发的态度问题。比如压力大、对领导不满、激励不足、薪酬不均、考核不认同、岗位目标模糊、工作没有成就感等。

要搞清楚管理的问题究竟出在哪里，是企业文化问题、流程问题还是制度问题?

培训只能解决因为知识、信息、技巧、方法缺乏带来的问题和不足，培训解决不了制度、团队管理带来的问题。

另外，靠培训补充知识技能的短板，也要在合理的成本范围内，才值得去实施。而如果教会员工成本超过重新招人的成本，那不如干掉不合适的员工重新招人，能更快速地实现企业发展的需求。

培训只能解决发展中能力补给、方法不当的问题。比如，企业要海外扩张，就做外语、海外企业文化特色的培训。

日常中的问题，也可以作为企业培训的来源，树立正确的符合企业文化的处理工作的方式。

还有，进行培训需求调查，在提高后期培训的参与度、收集培训信息的便利性上是有用的，但是不是所有的需求结果都应该采纳呢?

对企业发展无益的培训需求再强烈，也不能开展。

有一次收集培训需求调查表时，几乎所有女性都要求培训“魅力女性”，这个课程和企业发展有关系吗?很明显没有，那就不值得企业花费人力物力去组织，员工自己下班回家学习就好了啊，这种培训需求要果断枪毙掉。

培训需求没找准，后面只能是劳民伤财，得不偿失。

结合企业发展的战略目标、发展需要、发展中会遇到的问题，将培训需求找准，这是培训有效果、能长久的前提，哪怕一次只解决一个发展经营中的问题，能有所提升就是成功的。

◇二、培训体系开发设计。

找准培训需求以后，领导进行培训导向确认。确定了方向，就要做课程体系设计了。

针对要解决的需求和问题，整理出满足需要的课程、资料、资源，以及培训机构资源的获取。获得符合自己需要的资源，只要有大量资源，做培训应该是得心应手的。

但是，目标要清晰，在大量的资料中要保持清醒，不要迷失掉方向。乱花渐欲迷人眼，浅草才能没马蹄。不忘初心，方得始终。不要忘记你要解决的是哪个问题，找相关的有用的资料做成体系，精巧有效才是最好的。

同时，人力资源要清楚自己的职责和使命。不必“好为人师”，不是一定要参与培训课程制作和讲课，那是讲师的责任，不是人力资源必须要做的。也不必“画地为牢”，不是一定要人力资源的人能培训的课才能够讲，多的是外部培训师或培训机构可以作为外挂。

◇三、培训组织。

培训的组织工作就很简单了，培训的宣传通知、培训项目的分工及安排、委托培训机构的课程需求沟通、培训参训的审核、通知。

还有选择外派培训还是内训培训，学习形式可以采用讲座、讨论、沙龙、茶话会，配合相应形式的考试。

另外，一旦培训产生费用，记得与员工签订“培训服务协议”，保障公司的利益。

◇四、培训评估。

培训完成后就要进行培训评估，培训评估最出名的理论就是培训的四层评估：反映评估、学习评估、行为评估、结果评估。

培训的四层评估是人力资源管理最伟大的思想实验之一，层层推进、步步递进、逻辑严明。

然而，在实操中只是看上去很美罢了。反映评估、学习评估还能实施，靠调查问卷和考试（笔试、口试）均可实现效果评估，但是行为和结果很难评估，理论上要靠观察法和记录法，但仅仅是理论上的存在，看上去很美，但很难实践。质量、数量、效率、时间都是量化指标啊！

现实里做得到吗？大多数时候是做不到的。谁会花大量人力物力去观察计算？即使观察出来有些许不同，又怎么鉴定是培训带来的呢？行为评估和结果评估需要考虑成本，并且还没办法量化哪些是培训带来的作用和效果。

那该怎么评估培训做得好还是坏呢？很简单，找准源头，抓准最初的需求是什么，培训要解决什么问题。解决了那个最主要的实际问题，就是成功了，没解决说什么都没有用。

抓住以上四个点就能做好培训工作，重中之重是需求找准，找准了就成功了80%，其他课程体系设计、培训组织，做个游戏互动、煽情，其实没有什么难的，只是操作的问题。

看，就这样很简单地就把培训的几个关键点讲完了，一定要把复杂的问题简单化。

第四节
这样做新员工培训

话题：如何做新员工培训？

正所谓“磨刀不误砍柴工”，人员入职之后首要的工作就是做新员工的入职培训了。

新员工培训是指给企业的新雇员提供有关企业的基本背景信息，使员工了解公司，了解所从事工作的基本内容与方法，使他们明确自己工作的职责、程序、标准，并向他们初步灌输企业及其部门所期望的态度、规范、价值观和行为模式等，从而帮助他们顺利地适应企业环境和新的工作岗位，使他们尽快进入角色。

对企业来讲，做好入职培训好处多多，比如：为新员工提供准确的公司介绍及明确的工作岗位信息，使新人快速适应工作岗位；提供讨论的平台，收集员工的期待、意见或建议；减缓新员工的紧张情绪，使其更快地适应公司、让新员工体会到归属感，加强同事之间的关系；最主要的目的是使新员工迅速投入工作，掌握公司的规章制度，融入公司文化，降低离职率。

对于员工来说，新到一个陌生的环境，总会顾虑：公司实力是否可靠，待遇与承诺是否相符，会不会得到部门领导的重视，升迁机制对自己是否有利等等。

新员工培训首先是肯定待遇福利和环境，让新人把“心”放下。与新人面对面地沟通，解决他们心中的疑问，鼓励他们发现、提出问题。另外，可以让员工真正把心态端平放稳，踏踏实实在企业好好干。

所以，做好新员工培训，尤其重要！

新员工入职培训的主要环节和内容如下：

1. 确定好入职时间和地点。

培训频率。

看新员工人数多少，人多可以每周一次，人少可以一到两个月一次，不能超过3个月。基本每次培训在10个人以上为宜，符合成本效益原则。必须保证每个人在试用期结束前，都能有机会参加入职培训。

培训周期。

每次培训多久，要看你要灌输的内容多少，有长的培训半个月的，也有短的两个小时就讲完了，看领导要求必知应会的内容定。新员工入职培训的目的是帮助新员工全面而准确地认识企业、了解企业，从而尽快找准自己在企业中的定位，以目的来定频率和周期。

2. 入职培训的主要内容。

主要内容要根据公司的需要来，每个公司情况不一样，但是都有自己的文化、制度、流程、架构。在入职培训环节，也主要以公司普遍通用的、需要员工必须知道的内容为主。可以将公司的要求批量导入新员工的意识里面。

新员工入职培训的内容以认知为主。

主要包括企业概况、企业主要管理者介绍、企业制度、员工守则、企业文化宣讲等内容，实行集中培训，并由公司的管理者和人力资源部门主讲。

可以借鉴以下入职培训课程的内容和环节。步骤依次如下：开训（游戏破冰、分组、互动）—公司总体简介—企业文化理念介绍—考勤作业规范—薪酬福利介绍—培训作业规范—行政流程制度与安全知识—法规道德禁令—办公系统基础操作—财务作业规范—公司产品介绍。

新员工培训无外乎是这些内容，要因地制宜，发挥自己的聪明才智，依据本公司的情况取舍和整理，不能生搬硬套。

还要花时间完善入职培训的 PPT。精美的 PPT 是 HR 才华和能力的体现。以定制的 PPT 为蓝本，相信顺利开展入职培训不是问题，同时内容流程也靠 PPT 串联，入职培训的架构基本搭建成功了。

3. 入职培训讲师的选拔和管理。

平时就需要注意发掘人才，做好讲师队伍搭建。新员工培训的讲师，也尽可能让相关部门的同事加入进来，增加课程的精彩程度。

在掌握相关知识、流程、制度、操作规范的同时，也让即将去到各个部门的新员工提前领略用人部门的风采。

温馨提示，请给予培训讲师一定的课时费作为补贴，这样是对讲师劳动成果的尊重，也可以增加讲师的投入度，提高积极性。

如果因为各种原因邀请跨部门讲师的操作难度大，负责培训的 HR 来一肩承担也是没有办法的办法，先落地再说，随着企业发展再慢慢改进。

值得一提的是，如果想要增加入职培训的档次，企业介绍和企业文化介绍的部分可以邀请高管来讲解，代表企业表达对新员工的重视和期望，增强员工的认同感和归属感。

做好新员工培训有几个值得注意的关键点，可以从以下几个方面着手：

1. 让新员工放心、安心，平稳着陆。

新员工培训要展现公司的重视、关心和热情，开始阶段务必破冰，营造友善的氛围。不能一开始就迫不及待地向新员工灌输自己的企业文化或职业技能。太露骨的实用主义，希望他们能尽快派上用场，而全然不顾及他们的感受，会把人吓跑的。

可以安排高层代表与新员工见面，讲解第一节课“公司介绍”或“企业文化介绍”。

2. 新员工也要做好区分。

应届生和社招生的经验背景是很不同的，应届生是一张白纸，对企业职场有自己的想象，缺乏实际的心态；社招的则不同，适应性相对较高，只需要进行知识灌输。两者截然不同，应该区别对待。还有新入职的高管，智商、能力都比较高，工作较繁忙，可以发文档资料进行自学，可能更有效率。

3. 注意培训中的趣味性，增加互动和参与感。

现在企业常见的新员工培训模式往往以单向的教育为主，员工被动接收，参与性不强，所以常常难以起到良好的效果，甚至变成无效的培训。

所以，在新员工培训的时候，尽可能增加趣味性，培训方式多元化，借助影片、游戏、实地参观等形式。增加互动和参与感，可以用多问答、两队比拼获得积分的方式，让员工深度参与。

在新员工入职培训中增加互动，可以展示企业是在意员工想法的，也可以借此机会观察高潜质的人才，收集新一代员工的期望、想法和关注的要点。

4. 明确培训目的，做好新员工的需求分析。

应该根据企业的需求并分析新员工的能力，树立正确的培训目标，选择适宜的培训内容，合理管控培训周期、时间长度。

新员工培训是将企业工作所需了解的内容快速灌输给员工的好机会，也是员工快速融入团队，适应新环境的好时机。做这个阶段的培训，不必贪多，恰如其分，讲求效率即可。

新员工培训是人力资源工作很重要的一个环节，大到整个培训体系的搭建，小到具体每一次培训的组织和执行，都是我们需要花时间去梳理和落实的。

实施新员工培训有利于提高员工的个人素质和工作能力，从而提高组织的整体水平和工作效率。

作为刚入职的新员工，参与新员工培训，是他们结束上一段职业生涯，开启新一轮职业生涯的重要环节。让他们尽快熟悉企业，完成角色转换，就需要企业高度重视新员工培训，也需要人力资源部门的共同努力了。

新员工培训工作应该建立一种长效机制，深入持久地开展下去。

设计这种规划的目的还是希望公司能够留住人才，能够培育出适合公司发展的可用人才。只有员工的素质不断得到提升，企业才能发展壮大，才有源源不断的动力。

第五节
管理外部培训资源其实很简单

话题：如何管理外训资源，发挥外训最大的价值？

移动互联网时代，信息及技术更新得非常快，市场竞争日益激烈，企业的发展需要员工能力升级。许多企业，不论大小，也越发注重培训，仿佛这样才是提升企业市场竞争力和战斗力的不二法门。

企业培训是企业人力资源管理与开发的重要组成部分和关键职能，是企业人力资源资产增值的重要方法，也是企业效益提高的重要途径，其培训类型从总体上可以分为如下两种：公司内部老师的内部培训、公司外部老师的内部培训或参加外部机构举行的公开培训。

这里着重分析下后一种——请外部老师来企业做的内部培训或参加外部机构举行的公开培训。即外部培训资源的利用和整理。

大家要是留心观察一下我们身边大大小小的咨询培训公司的崛起，就知道这方面被炒作起来市场有多大。

但是同时，培训市场鱼龙混杂，有些成功学光打鸡血，不解决实际问题；还有些看似体系完整，但是课程内容老旧跟不上新的形势；还有千篇一律的内容，不能满足行业职业精细化的今天的定制化需求。

那么如何获取并管理好外部培训资源，该如何应对、如何取舍呢？这是人力资源的重要课题。

现阶段在外训市场上，主要是买方市场，说白了就是只要有钱基本能找到资源，并且外部培训机构资源丰富，有大量的供应商在做专业的事情，有许多机构可供你选择，可选余地很大。

外部培训资源在哪里？

外部培训资源范围广，不仅指培训机构，还有培训师，有些大学相关专业的教授也在从事管理培训，别忘了企业内部也有优秀讲师。

不一定需要联系机构，可以直接与讲师联系。还有各种书籍、视频、网络课程、网络信息资源等。

最主要是要根据你的培训需求来选课，再者就是你的预算有多少。按需取用，量入为出。

我觉得，找准自己的需求是最重要的。

外训资源的管理并不复杂

外训远远谈不上太复杂的管理，做好甲方，按照自己的需求选用就好了。有培训需求出来，找到合适的课程就可以采购。

关键是需求的确定、培训对象的确认，培训前期筹划得越准，越能解决问题，那你的培训管理就越有效。

选择很重要，外部培训的选择余地也很大。需要注意的是与其选机构不如选老师，与其选老师不如选择好课程。课程好，老师好，在哪个机构不太重要。先需求开发，再资源匹配。好课程重于好老师，好老师重于好机构，环环相扣，必定会有不俗的效果。

管理外训资源方面，人力资源从业者还需要做的重要工作，不是怎么去做个讲师，而是课程质量的把关！

我们需要提前了解讲师的课件，试听课程现场，可以HR去也可以选择对应的受训部门代表去试听。比如，销售管理，就派销售去听；人力资源课程派人力资源的人去听。行家一出手就知有没有。

值得注意的是，务必多费心思在课程采购前质量的把关。可以提前试听和多选择一些机构进行比对，货比三家，可以帮助你做选择。

同时，试听得多了，也能增加自己的经验，扩展知识面，这也是学习的过程。择其善者而从之，其不善者而改之。

把外训做得更好的不二法门是什么？

我想HR之所以会对外训顾虑重重，大概有些是因为陌生而恐惧吧。其实，没有必要畏惧，有些事情，做得多了也就熟练了，熟练了就会有自信和有把握。

把外训做好，消除对陌生工作的恐惧，最好的办法，就是去做它，不要只是待在原地担心，去行动就最能消除焦虑和担心。消除对陌生的恐惧，约上三五家，多谈几次就熟悉了。

总而言之，大胆去做、去尝试，鼓励大家积极与培训机构联系，联系多了、接触多了、了解得多了，就会越做越顺手。同时，保持咨讯、信息交流的畅通，有利于你开发培训，与市场接轨，更高效地为企业筹划培训工作。

而培训机构资源的管理，其实很简单，只要一个Excel表就够了，把机构名称、课程目录、联系方式、特长等登记下来，实时更新，定期进行梳理，优秀的机构置顶使用，不合适的淘汰。

如何安排外训？

根据培训需求，合理利用外部培训资源，也要根据对象及人数，来决定外训的方式、形式、时间、地点。

根据受训的人数综合考虑成本。如果受训人数多，请讲师到公司的人均成本小于或等于派员工外出培训的成本，就可以请讲师专门为本企业量身定做；反之人数较少不足以做专场则可以外派员工去机构参加统一的培训。

两者互有利弊，请讲师来能结合企业需要、要求还有行业特性做定制化的培训，在公司培训场地进行更方便；派员工外出参训，则费用成本相对低，灵活机动，同时可以增加与同行业别公司的交流和互动。

如果培训需求量非常大，每年很多培训，需要定制化，那就可以采用招标的形式。

另外，需要注意的是，外部培训会花费一定的成本，要慎重挑选受训人员，并且做好《培训服务协议》的签订。根据所投入的成本约定服务期限，这是对企业权益的保障，这是受《劳动法》保护的。劳动者违反服务期协议的，应当按照协议向用人单位支付违约金。

《培训服务协议》网上都找得到，这个不难。

重要的是需要根据公司的要求，约定对应金额承担的服务期限以及服务期内离职应该培训的金额。

要注意的是，《培训服务协议》的赔偿标准不得高于总的培训费用，保留发票费用依据非常有必要，一旦遇到诉讼，需要提供出来作为证据的。

最后总结一下，管理好外训资源，不难，根据需要采购就行。做好资源的管理，做好甲方，与外训资源的提供方多进行一些了解，多做沟通。做好外训工作，最重要的是，需求找准！然后再把最需要的课程找出来，找最好的老师，找好的机构，并做好培训服务期的管理，这样你的培训才有可能出彩并且规范。

写了这么多，你学会了吗？

第六节
魂、道、术，做高管喜欢的管理层培训

话题：如何做高层管理人员的培训工作？

企业高管对整个团队起领导作用，企业高管能否带领员工朝着更好的方向发展，对于企业的存亡起着至关重要的作用。所以进行企业高管培训就显得尤为重要。

做公司高管培训，不是结合企业文化起一个好听的名字，做了一系列的培训就完事了的。想要钱不白花，物有所值，得知己知彼了解他们的特点和需求，得依据高管的特殊性走心设计。

这些年参与培训，有见过成功的案例，也遇到不太成功的案例。前事不忘，后事之师，这里先分享下我遇到的高管培训的经验和教训。

成功的经验，多关注“人性”的部分，走心设计让人印象深刻。

有一个高管说起令他印象最深刻的一次培训，是几年前，一次“青年

干部”的系列培训中，互动环节加入的“惊喜”。每个人在培训开始前被要求暗暗观察一个人，一对一观察，互相不知晓，在培训结束后，给他写一封信，谈谈你对他的感想、意见和建议。拿到信的高管都会有触动甚至很感动——了解了别人眼里的自己，感觉被理解和接纳。

其实，层次越高的人，对“归属感”“价值感”的需求就越强烈，每个人都想知道别人对自己的真实看法，这个过程，增进了企业高管之间的理解、认同和相互接纳。如果你的培训能让高管几年后都记忆犹新，那就得多走心，多动心思了。

也有不太成功的高管培训，各有各的奇葩理由，教训也是很深刻的。

比如课程讲师水平低、实力有限；培训枯燥乏味、时间久、课程内容不实用；还有大的培训项目或系列培训单次课程跨度一个月一次，周期太长、热度不够持久，所以没有形成强烈冲击。

那么如何抓住“魂、道、术”的关键部分，高屋建瓴，做高管喜爱的管理层培训。

先分析下管理层培训的要求、内容、形式分类，归纳如下。

企业中层管理人员的培训需求：

企业中层管理人员一般为主管经理等承上启下的岗位，既要熟悉技能，又要拥有系统性思维和掌握管理能力。注重“术”和“道”的部分，重视落地，兼顾体验。

培训需求的内容无外乎岗位工作能力、会议组织能力、进行岗位开发的能力、授权分工所需的技能知识和信息等。具体包括以下四方面的内容：

1. 知识补充与更新。相关的课程有领导理论与实务、各种企业制度的优劣比较等。

2. 技能开发。技能相关的课程有决策与授权技巧、调动下属积极性的方法及企业预算、编制管理技巧等。

3. 观念转变。观念理念相关的课程有企业竞争的新战略——动态联盟、未来的管理、企业家精神及管理伦理问题等。

4. 思维技巧。相关的课程有企业战略思考的技巧与战略管理。

企业高层管理人员的培训需求：

企业高层管理人员一般素质较高，许多知识和技能都已经掌握，因而重点培训的是他们的管理能力和管理艺术，注重的是思维和观念层次的开发。管理人员的培训很难立竿见影，侧重于“道”和“魂”的部分。

培训的内容有一般的团队管理、经营策略、前沿技术，也有经管心理学、哲学等多层次、全方位的培训。

培训方式主要有参加高级研习班、研讨会、报告会、自学、企业间的交流、热点案例研究等；到相关院校参加在职高等学历教育和 MBA、EMBA 等教育；出国考察、业务进修等。

根据不同的公司规模，有的公司会聘用专业的培训师，到各地去游学、禅修、团队建设等。形式很多，但要注意防止走过场、混文凭、公费旅游等不能解决问题的现象发生。

管理者也要是有层级区分的，不同段位层级的管理者做好培训的注意事项各有不同，简单罗列如下：

中层、基层管理人员的培训要点：

1. 以需求为导向，解决紧要的核心问题，调研的时候注重细节，发现中基层管理人员急需解决的问题，以此来选择对应的课程。

2. 培训过程中，高管监督和参与，告知学员高层对此次培训的期望，引起受训人员的重视。

3. 强化培训后的观察，辅导落地，将培训内容落实到实战里。

高层管理人员的培训要点：

1. 时间宝贵尽可能精短，2天以内为佳，时间跨度不要太长，集中进行，一鼓作气完成。

2. 结合企业需求，与大型战略或大型项目配套实施；培训内容注重思维触动，以思维淬炼为核心。

3. 最高级别的领导要一同参与，借助最高级别领导参与更能保证课程质量和参与度。

4. 讲师水平要高。

给高管培训的讲师水平必须要高，优选在本行业有成功经验或者有很高声望的人来授课。成功的人才能教人成功，与优秀的讲师学习，才能有干货。高大上，强落地。

总而言之，高管的培训要想受欢迎，无外乎要做到以下几点：

1. 接地气，有干货，解决得了问题，让受训者觉得学到东西了。

2. 通人心，让受训者受到触动，感情有共鸣，好像遇到知己。

3. 高规格，让受训者觉得荣耀，感觉受到重视，自己的价值得到提升。

做管理层培训毕竟不像做一般员工的培训，要讲究点高规格，不仅培训的内容要上升到“道”和“魂”的层次，重视体验，所谓体验感也就是在培训中所获得的启发、满足感或者趣味；也要兼顾落地，能在后续管理工作中发挥正面积极的作用。

课程的组织形式，也不能太单调地以堂授为主。要有高大上的安排，可以满足高管们作为个体的虚荣心和自豪感。

总之，一番培训之后，组织点高大上的团队活动，让管理者提升信心，提高对企业的认同感和归属感。

至于如何组织，要看公司预备受训的人数、课程资源的协调、还有时间档期。据此选择内训、外训，选择学习形式，是课堂讲授还是沙龙、名企参观、名校游学，花样、新潮一点。

这些设计、规划、组织、实施，是体现培训工作人员的能力、水平还有创意的地方。

最后，培训还是要回归本质。高层管理培训，是希望借助解决人的问题来解决企业的问题，希望通过管理层赋能来提升组织的效能。我们的努力，也应该侧重于解决企业的需求和面临的问题，包括现在和未来的问题。并且要在合理的范围内控制成本，企业做任何活动都是要讲究投入产出比的，费用控制好了就有高性价比。

提升高层管理者管理技能是“术”，提升思维层次理念格局是“道”，通晓人心人性得到忠诚才是“魂”！

第四章

长袖善舞——绩效薪酬篇

第一节
重新定义绩效考核

话题：绩效考核的误区帮你排雷。

有句经典的关于绩效考核的话是这样说的："绩效考核，不做是等死，做了没做好是找死"。

诚然，做绩效考核是不容易的，即使在管理技术水平如此发达的现代职场，成功的绩效考核案例也是不多见的，就算是有，也是一直被模仿，从未被超越。中国企业的绩效管理是很难真正成功的。

长久以来，甚至包括现在，我都对做绩效这件事情有畏惧心理，如履薄冰，轻易不会去接。

人力资源的从业者，因推动绩效而"死"的人前仆后继，可以说绩效模块是埋葬 HR 从业者的重灾区。就像是历史上许多的变法者，成功的不多，不得善终的变革者太多。

但对企业来说，但凡有点企图心，想大展宏图的，都想在绩效考核上有一番作为，实现有效管理和人员管控。

理想很丰满，现实很骨感啊！前仆后继的绩效管理实践，留存下来的成功作品稀少，多的是哀鸿遍野一地鸡毛——被绩效考核害死的企业也是屡见不鲜。

比如：网文《绩效考核“杀死”了大公司索尼》中，因实行绩效主义，职工逐渐失去工作热情。在这种情况下无法产生“激情”。索尼公司为统计业绩，花费了大量的精力和时间，而在真正的工作上却敷衍了事，出现了本末倒置的倾向。因为要考核业绩，几乎所有人都提出容易实现的低目标，可以说索尼精神的核心“挑战精神”消失了。因实行绩效主义，索尼公司内追求眼前利益的风气蔓延。这样一来，短期内难见效益的工作，比如产品质量检验以及老化处理工序都受到轻视。

这里就重点跟大家讨论绩效考核，先来了解企业做绩效考核的初衷，破除以往绩效考核的误区，再重新构建绩效考核搭建的思路体系。

首先，企业为什么要做绩效考核？先了解下什么是企业最初的诉求来找到根源吧。

企业想做绩效考核，大部分是希望盈利提升，希望将本企业打造成“高业绩高效能组织”。

扩展来说就是寄希望于绩效考核，达成公司的收入/利润复合增长速度，公司估值、市值能按照预期上升，业务业绩方面有足够的增量。其中业绩增长是重要的核心价值和企业的关注点。

那么又是哪些因素决定了组织高绩效？后面会用这些因素来推导绩效管理的核心点。

重点关注：经营角度、个人角度、核心因素。

◇ 一、企业经营角度，要有好的产品出来。

1. 组织要有高性价比的、在市场上能崭露头角的王牌产品。

索尼之所以出事，部分原因是因为产品没有更新发展，缺乏“高尖叫”值的产品。反之，苹果公司的崛起，也与产品的精益求精、引领潮流密不可分。

2. 有牛人，能把产品做出来。绩效体系要关注牛人，充分尊重并给予牛人进步的空间。

3. 好的薪酬留人。薪酬完善，富有竞争力，先把人留住，再考虑竞争激励性的绩效考核。

4. 好的企业文化，激发人员的积极性。

5. 制造好的内部管理机制，制度保障牛人能在组织里迭代。

◇ 二、人的角度。

员工的个人能力是否优秀？员工个人与岗位是否匹配？团队有没有狼性？有没有足够的成就动机？

团队成员没有足够成就动机，或者能力不行，也是不能推动组织发展的。

做绩效考核的第一步，先找对人，人不对白费力，事倍功半。

◇三、关注企业成功的核心要素等其他方面。

关注什么因素就要考核和激励哪些方面，管控激励要配套到位。

产品很重要，运营很重要，业绩成果分配也很重要。想要全体员工玩命干，用结果导向，过程适度控制，但是别绑住手脚。

当所有人都按规定好的方向，去改善自己，那这样的绩效考核就是成功的。

要有正确的思路和出发点，而不是上来就推一堆的绩效指标。

KPI 不是万能的，解决不了全部的问题；绩效考核也不是越复杂越好，太复杂了只能提高落地的难度。这个是绩效考核的关键逻辑。

绩效管理是一种机制，打造组织核心能力是关键。能够诞生好的产品，能够将人员管理到位，核心因素重点把控，推动组织和个人完成优秀的业绩结果，哪怕只设定一到三个关键目标。但它有效，就是好的绩效考核。

以往 HR 在做绩效考核的时候，都或多或少会有些误区。我们一起来梳理下传统的考核机制是如何让组织更加僵化的。

1. 不痛不痒的绩效奖金。

比如从工资里取出5% 作为绩效奖励的部分，扣钱你敢吗？入职说好月薪5000元，你扣别人250，一言不合就诉讼了。

绩效优秀上浮20%，加班加点给你干了这么多活，就给加这么点，还不如下班去开个滴滴，自由还不受管制。

不痛不痒的绩效奖励，对一般员工还行，对牛人的作用有限，不能起到让牛人兴奋冲动的目的。好的绩效考核，奖励的程度就应该让优秀的员工冲动，进而废寝忘食地为公司拼尽全力。

2. 无论团队业绩好坏均强制分布。

强制分布的思想本身有问题，无论部门好坏都硬要区分出优秀和落后，不符合人性和实际情况。

有些部门员工都很努力，有些部门管理混乱，都在各自部门做强制分布，那么横向比较起来也会不公平。再者，也有可能有些部门优秀的人多，没有落后的员工；一些部门业绩落后，没有优秀的。这样的组织，优胜劣汰的分布情况也不会与正态分布曲线一致。

不考虑实际情况，盲目使用强制分布也不可取，会误伤积极性。

3. 繁琐抽象的 KPI 指标。

前几年 KPI 设计的指标往高大上的方向发展，看都看不懂，名词很新，就好像越高大上越费解就越专业，越显得做绩效设计的人牛气。

指标又晦涩、又细又多，做来做去，一个公司8个部门，100多个岗位，每个岗位5个指标，一共500个指标，请问谁能全部清楚？这样庞大的数据计算起来，很复杂且费时费力。

而且绩效指标不能一成不变，每年总要更新下吧，500个指标，人力资源部和各个部门要花多久？耗费多少精力才行？

久而久之，领导不催就不更新或更新不及时，KPI 不仅不能促进业务发展，反而占用员工部分精力专门为考核而考核。

4. 老好人的绩效考核打分。

绩效考核涉及到奖金，有些部门领导碍于情面，指望部门员工干活，或者在资源方面希望给本部门多争取，在绩效打分上，只愿意加，不愿意减。

只加分，不见减分的老好人式绩效管理，以及经理人的管理不到位，也让绩效考核流于形式。

5. 走过场的绩效面谈。

中国人的性格普遍较为含蓄，加上有些时候工作时间紧、任务重，在绩效实施的过程中，绩效面谈是被忽略的。忽视绩效面谈，就缺乏绩效指导和改进，整个绩效考核的引导作用大打折扣。

以上的误区和弊病想必大家都不陌生。需要提醒的是，做绩效考核不要再迷信那些“看上去很美”的工具或者赶潮流做得形似神非。绩效考核针对问题、解决问题才是重要的。

KPI 曾经风靡一时，许多公司都曾被 KPI 误导。但是，实践证明，在实际企业经营管理里面，用 KPI 的形式做绩效考核，成功的不多。很多企业具体运行的方向无法准确提炼可数据化的 KPI，KPI 并非是一剂良药。

还有平衡记分卡，用财务维度、客户维度、内部流程维度、学习与发展维度做管理者的考评。但其实本身是有问题的，它是僵化的，只是一套思考的工具和逻辑维度。如果把他作为绩效考核的方式，作用是有限的。

阿米巴模式，在你企业规模不大、业务不复杂的时候，是没有必要“硬”上的。

个人觉得，如果你的企业还在初创阶段，人数不多，业务不复杂，不用绩效考核反而更高效，老板的智慧足够判断该激励谁、怎么激励了。同时，考核方式方案要尽可能简单化，复杂度越高，落地和执行越困难。

大道至简，越简单越有力。

绩效管理的核心在于激活个体，而不是去管控。管住手脚，也就束缚了激情和创新。

好的绩效考核，一定是要让组织和人才激动起来，让他们每天早晨叫醒自己的是“梦想”，愿意和公司一起向美好的未来奔跑。把公司打造成创业平台——每个工作岗位都是自己项目的 CEO。给员工提供条件，让他们实现自己的价值，心甘情愿地干！

当然，绩效考核也是要做的，我的建议是构建三层考核模式。如何构建绩效考核模式：

1. 重点做关键岗位，不是所有岗位都做。

80% 的业绩是20% 的人创造出来的，好钢用在刀刃上上。重点做牛人考核，可尝试针对牛人的 OKR 模式。经理激励的力度要大，让牛人冲动起来。绩效考核与人员评价配合使用。清洁工等基础岗位就不用做了，表现不好，直接换个勤快的就行了，还费力做什么绩效考核？找对人，先找正确的人，而不是试图去改变他。

2. 简化考核指标，聚焦业绩重点。

从企业运营和发展的角度来说，最简单直接有效的是，从财务指标出发，关注业绩提升就好。这也是老板们最关注的问题，别不好意思，也别说情怀，不赚钱的企业生存都难，更别说其他了。

每个岗位或者部门指标要尽可能精简，可以设一个指标都行。

比如招聘，考核面试到场率是不够的，而要考核入职率，人招到就好，其他招聘费用使用啊都是其次的，用不了多少钱。财务就考核成本控制、资金管理，别让企业资金运转不足，其他报表及时性啊，那都是必须的，做不到就不是合格的财务，可以直接干掉了。

3. 提升各级经理绩效管理的能力是重点。

经理绩效管理的能力包括指标设计与分解，科学量化打分，绩效改进，激励下属与其他部门绩效 pk 的能力。

让经理学会绩效管理，怎么评价、怎么打分、怎么激发绩效改进。而不是人力资源部唱独角戏，绩效管理能成，大部分靠经理人的管理能力，也要靠老板、CEO 的重视。

以上是绩效管理的一些建议和关键点。

总而言之，在绩效考核的设计思路上，要针对企业的问题，有针对性地设计绩效考核，明白哪些因素影响公司绩效，是组织方面的因素、还是个人方面的因素。再者，不要迷信市面上的绩效管理理论。别信广告看疗效，有用的才是最好的。解放思想，放开手脚去做。

在方案设计方面，专门设立牛人考核，考核重点核心人才；绩效考核方案高大上不如接地气，绩效考核要尽可能简洁，单刀直入、一针见血抓关键点；另外，提升部门领导的绩效管理水平。

这些关键点，你懂了吗?

第二节

四个大招，教你激励牛人

话题：人力资源经理如何去激励牛人？

每个企业都或多或少有牛人，牛人就是企业里的高绩效员工。高绩效员工是公司的重要资产，也是人才市场的“香饽饽”。

高绩效员工如果激励不足，会对公司发展产生显著影响。你不好好善待牛人，他就会去别的企业，为自己的对手加分。

激励优秀的高潜质员工是 HRBP、人力资源经理、总监的重要职责，也是业务部门负责人的重要职责。当然也应该关注绩效特别低、影响整体团队绩效的员工，涉及到优化和辞退，在这里暂时不做扩展。

关注高绩效员工的激励，来自于日积月累地关注他们的日常表现、心态、想法，也要在激励牛人的时候，做正确的应对——制定行之有效的政策。这对整个组织的成长发展非常有必要。企业的发展，起到重点作用的也就是那么一小部分牛人。对于牛人这类高绩效员工，我们要重点关注、重点激励，激发动力、提供资源和支持，完美履行人力资源部门尤其是人力资源总监、人力资源经理的这项重要职责。

那么如何识别出高绩效牛人呢？什么是高绩效员工？他们的特点是什么？

◇一、高绩效员工有自发主动的特质。

高绩效员工一定是自主工作、主动工作，有很强的成就动机，热爱自己的工作，不必催着赶着监督着工作的那一类人。

可以回顾下老板让两个员工去买土豆的故事，一个只问价钱，另一个搜集全部相关信息，多少斤、什么成色、买多买少、什么价格、除土豆还有什么，甚至还带回了样品，后者就是高绩效员工区别平庸员工的特质。

◇二、高绩效的人一定是自我激励的。

不一定看公司给他多少钱，而是享受工作，热爱挑战，自己找目标，去达成目标，完成自我成就。物质与成就感并重，而非单一的靠物质激励。

当然，物质激励也应该有，牛人越是不要求，越应该做到位，才能从制度上保障高绩效的持续性。

◇三、关注自我提高。

高绩效员工一定是有潜力的人才，他们不止在工作上很勤奋，在工作之余、在生活里还能关注自身能力的提高，比如下班后参加培训、学习班、继续教育等行为。这样的行为能更好地持续提供高绩效的工作成果。

同时，员工身上的自主性、自我激励、自我提高还是在相互作用、互相促进的，才能形成完整的高潜力人才的人格特质。

了解清楚牛人的特质后，可以从以下几个方面进行有效激励。

◇一、工作安排。

可以给牛人安排关键岗位、有挑战性的工作，并提出明确的高期望，才能发挥高绩效人员的积极性，使他们保持亢奋的状态。

日本有个管理大师说过，“工作的报酬就是工作”，工作得好能得到更有挑战性的工作。

明确告诉他高的目标期望，定期告诉他对他表现的评价，并适度给予更有挑战性的工作岗位。这种时不时的夸奖没有什么好难以启齿的，透明化的管理反而是最有效、最节省成本的管理。

◇二、合适的领导风格。

什么是迎合高绩效人才的领导风格？授权和指挥型。

如果领导风格与高绩效人才的特质不相符，不利于发挥高绩效人才的作用能力，而且不会长久。

做到授权和指挥型的领导风格并不容易，可能你并没看清楚自己的领导风格。可以检视下自己，做了领导后是事无巨细还是大度放权？

作为HR也可以时常提醒领导，控制“事无巨细”，要适度放权，更好地发挥牛人的才干，才能共赢。

要关注人也要关注事情。关注他的心态、烦恼、压力来源，可以适度排解他的困惑和负面情绪。让他能及时调整状态，做好工作。

从关注过程到关注结果。不仅仅只在意结果，还需要在过程中管控，在过程中的关心其实是对人的关心，领导可以随时提供帮助和支持，是一种很好的激励。可以发挥作为领导的作用，让牛人感受到支持和被重视。

◇ 三、薪酬等资源分配与认可计划。

进行以绩效结果为导向的薪酬调整，表现好、绩效高的人拿到高的薪酬，鼓励有才干的人。不能搞平均主义，做得好坏都一样，对高绩效员工是有伤害的。薪酬是保障因素，不可或缺。

提供精神奖励和荣誉奖项，比如奖项或者公开表彰。精神奖励是激励因素。

无形中的资源分配要倾向于高绩效人士。越是表现好的员工，越要让他感觉到资源向他倾斜，加大马太效应，让他拥有更多。这对他来说很重要，他会感受到你对他的认可，从而更加努力和忠诚。

在公司树立这种绩效文化——员工工作成果越丰富，越是能拥有更多的挑战性机会，更多的资源支持。这是一种良性循环，会更好地激发高绩效员工的潜力，他能把更多的事情做得更好！

◇ 四、职业规划与个人发展。

1. HR 要关注公司的职业规划体系。

体系完备的话，能支撑员工的职业生涯发展，就有持久的永动机。没有职业生涯发展的空间，高绩效的人走到一定高度，会因为发展受局限而流失。

2. 聚集更多优秀的人才。

优秀的人喜欢与优秀的人共处，组织里是否有许多比他优秀的人与他一起共事？组织里面都是牛人，会形成集群效应，也是一剂激发牛人的强心针。

3. 公司的愿景。

公司的行业、发展方向是否是他感兴趣的？如果公司的行业产品和未来是高绩效的人期望的、感兴趣的，他会有强大的动力。

4. 有成就感的任务。

有好的同事，还有感兴趣的事业，再需要关注的就是公司做的事情是否有重要任务，做完后是否有成就感。让他知道公司做的事情有一定的难度，并且十分有意义、影响深远的。让他感兴趣和认可这个事情，并且认可公司的使命和愿景、方向，他会继续待下去。

反之如果做一些项目总是半途而废，高绩效员工不仅没有成就感，时间精力花在了没有结果的事情上，他会非常的挫败，甚至因失望而流失。

还有你的业务战略方向，高绩效员工不认同，不看好，也会影响高绩效员工的发挥。如果不能协调一致，高绩效的人会自己创业。

作为 HR，要在这4个点上下功夫：挽留员工，让他在本企业工作的时间更长。激励员工，让他们在服务期内做成更好的成绩。

通过主动干预，有效提升高绩效员工的绩效表现、延长他的服务年限，对组织而言价值很高，意义远大。

千金易得，一将难求。人才争夺战越演越烈的今天，大家都在抢高绩效人才。你留不住，他们就会去竞争对手那里，甚至自己创业，成为自己的对手。这也是为什么我们要重视高绩效员工的原因。

高绩效员工的特质、需求，还有保留他们的几个重点，你学会了吗?

第三节
拿什么拯救你，我的绩效！

话题：初创型互联网公司一人多职，应不应该做绩效考核？

一人多职的互联网公司需要做绩效考核么？如果要做的话应该怎么开展工作呢？如果不应该做，又该如何劝服领导采用其他方法呢？

“有一家小型互联网公司，目前有一个 B to B 平台准备上线，所以近一段时间公司的主要精力都放在了这个平台的运营上。而这个平台的团队人员也是从0开始一步一步壮大的，他目前主要负责该团队所有与人事相关的工作。

现阶段各部门的主要人员已经招聘到位，团队也逐渐形成规模。领导对团队的总体目标进行了规划，同时提出要进行绩效考核。可是，平台正处于后期的准备阶段，还没开始上线运营，所以很多时候团队里一个岗位的人干多个岗位的活，比如供应链采购经理又干着营销的活，开发的 UI 又做着运营的活，工作职责都是随着平台的发展不断在变化。这种情况如何做绩效考核，感觉束手无策。”

我要用最简单却最直接的方式，以自己多年在绩效考核上摸爬滚打的经验，给你一套绩效考核的干货，有些解决方案，仅供参考。你且往下看！

情景：题主所述，在一家小型互联网公司，主要精力放在平台运营上，人员基本到位，团队初具规模，团队成员的分工并不明确，一个人干多个人的工作，而且工作职责还在不断变化。

问题：对于这种一人多职的互联网公司需要做绩效考核么？如果要做的话应该怎么开展工作呢？如果不应该做，又该如何劝服领导采用其他方法呢？

绩效，是我一直敬畏的一个 HR 工作模块，与劳资纠纷一样，是让我欢喜让我优的部分，没打错，就是“优”。

要经历多少风浪，心才能不摇晃？

绩效，绩效，绩效，不做是等死，做不好是找死！只要用点心，没有 KPI 搞不垮的公司。如果不到万不得已，老板没有破釜沉舟、死磕到底、励精图治的雄心和意志，我基本不会劝你轻易去触碰。

做绩效，最高的领导者，不该是 HR 而是老板。需不需要做，还请摸一摸你老板的决心和意志，是否有接受员工炮火的准备以及各种抵抗、反对的意志力，坚定不移地信任和支持你，并能有所担当。如果他是坚定的、心意已决，我们就可以做了，有老板支持才有做成的可能性，没有老板支持，各部门鬼精鬼精的谁会天真无邪地配合你？老板定方向、战略的基调，HR 利用专业的技术和实战的技巧来实现和落地。

我个人认为，企业是以营利为目的的组织，有目标有方向，并需要对组织进行管理和激励，那么无论规模大小，做绩效管理都是有必要的。做绩效，对 HR 做管理及个人进阶也是有好处的，虽然这块骨头不好啃。

绩效为什么不好做呢?

做绩效做死的企业大名鼎鼎的有索尼，不知名企业被绩效害死的更多。被绩效坑死的 HR 更是不计其数。我认识一个绩效经理上个月刚离职了，因为兜兜转转，绩效考核始终落地不下来。我努力帮过他，但是我救不了他。

绩效考核的痛点和槽点太多，那些老旧式的培训或理论照搬，我只能说“专家害死人”。在实行的过程中，估计你是被考核者也不会喜欢，并且不一定能帮助企业实现战略目标，甚至有可能产生很多无用的工作而沦为负担。

我不是理论派，我是实战派，喜欢务实不务虚。我懂但是不想讲那些看上去很美，一实施就乱七八糟的绩效理论。

我做绩效，只想解决问题！要做真正有用、量体裁衣的绩效管理！

绩效管理做得好的企业真心不多，但也有很出色的。这个过程有我思考的精华，也是笑中有泪啊！

前两个是以往的做法，第三个案例是“终极绩效考核方案”，纯干货，你要看下去！

绩效考核案例一

早年在一家台资制造型企业，那时候是以部门为单位，提取部门 KPI 的方法进行考核。

每个部门设置一个绩效考核指标，还设置专门的部门负责数据的收集和整理。我负责全公司各部门 KPI 指标的收集和整理，统计绩效考核的报表，每个月第一个周一会在经营管理例会上分析、总结和反思。

这套体系，有台企风格，标准化、专业、细致。

执行结果及不足：

执行结果是部门领导很重视，但不与员工的薪资挂钩，员工不当回事，甚至根本不清楚指标内容。

不足之处在于，绩效考核没能激励基层员工，加上指标固化更新不及时，不能够指导实际经营，到后来就形式大于实质、流于表面了。

以部门为单位的绩效考核，失败！

绩效考核案例二

后来，在国内一家知名的软件企业，我负责公司的绩效管理，分为研发人员和销售人员的绩效考核。

对于研发技术人员，考虑到项目周期不固定，研发无绝对的成品，也无真正的完成，工作成果和标准难以量化，采用“T级认证”来做绩效考核。

“T级认证”是对员工的能力进行阶段性认证的方法，不考核工作成果，也并不直接作用于薪资。

对于营销人员，采用个人KPI的绩效考核方式，工资中划分出一笔绩效奖金，按业绩责任1000~3000元不等，每个月对个人回款数目、潜在用户开发量及日常工作表现进行绩效考核，考核结果作用于个人绩效奖金部分，合并计薪发放。

执行结果及不足：

研发人员每年认证一次，缺少每月、每季度的激励和认可，结果和工资奖金相关性不强，工作积极性和潜能并未充分、有效调动。

销售人员绩效考核的奖金，弥补了一些有潜在客户但暂时没有销售成绩的工资差距，有一定的鼓励作用。但是时间久了，绩效沟通环节不被重视，也会成为内部和谐化的工具。

优点："T 级认证"对研发人员适用，但效果作用有限。营销人员采用个人 KPI 的绩效考核方式，加上沟通和反馈环境，有鼓励作用。

缺点："T 级认证"设计难度比较高，指标也很难及时更新；不同岗位绩效考核个性化设计，不容易横向对比，并且其他岗位没有设计。

那拿什么拯救你，我的绩效呢？

考核。终极绩效考核方案，干货来也！

综合以上还有其他你能想到的绩效考核，我认为，一套考核方案，除了领导重视、迫切需求以外，好的绩效考核解决方案，先要解决绩效考核的以下三个难点：

1. 岗位职责不确定，却要对每个人的工作进行考核，考核要覆盖全员，还要好用，能管控员工行为，及时激励、及时反馈；

2. 互联网时代日新月异，指标不能定死，定死完蛋，要去 KPI 化；并且，绩效考核体系的设计要灵活，操作方便，最好能随市场的变化而变化；

3. 绩效考核的成绩，要与每个人的月度工资直接挂钩，不挂钩他不疼的。

看上去要满足这些条件，真心不容易。

有没有一种能解决这些主要问题，并且还要简单，还要放之四海皆能用的日常绩效考核方案呢？虽然很贪心，但是有办法来实现！

魔高一尺，道高一丈。终极绩效考核应该这样做！在我之前的公司已成功过，并且到现在也运作良好，我连制度一起提供给你！

《员工月度绩效考核管理办法》

一、考核目的及原则：

为在 ×× 公司（以下简称公司）建立科学的管理制度，客观评价员工的工作绩效，充分发挥每位员工的积极性和创造性，为员工薪酬、晋级、升迁、奖惩等提供依据，结合目前各非业务部门人员的岗位设置及职责，特制订本考核办法。

本考核办法以规则简单、执行彻底为宗旨，遵循公平、公正、多劳多得的原则，全面考核、动态调整、综合应用，最终达到更好地服务于公司各部门的目的。

二、考核办法：

1. 每月初第一个星期，每人提交自己填写完整并自评过的的《员工月度绩效考评表》交给部门经理进行部门评价，部门经理评价并签字后统一提供给人力资源部绩效考评小组，由绩效考评小组评审后，提交制作工资进行薪酬核算，总经理审批，发放工资。（还有成立跨部门的绩效考评小组，有利于各部门的整体公平，还有打破部门墙，增进协作互动。）

评价流程：

员工自评 ——→ 部门经理或上级评价 ——→ 交绩效考评小组评审 ——→ 薪酬核算 ——→ 总经理审批 ——→ 发放工资

绩效计算表格如图：

员工工资表示例

员工姓名	绩效等级	应发工资总额	绩效奖金基数（需隐藏）	基本工资	岗位津贴及其他	绩效奖金	考勤、社保、公积金扣款略	工资总额	备注
张三	A	10000	1000	2130	6870	2000	\	11000	绩效奖金的计算，非常简单，用公式，以张三为例，=G4*VLOOKUP（E4,A4:B14,2,FALSE）
李四	A-	10000	1000	2130	6870	1750	\	10750	
王五	B	10000	1000	2130	6870	1500	\	10500	
赵六	B-	10000	1000	2130	6870	1250	\	10250	
员工5	C	10000	1000	2130	6870	1000	\	10000	
员工6	C-	10000	1000	2130	6870	750	\	9750	
员工7	D	10000	1000	2130	6870	500	\	9500	
员工8	D-	10000	1000	2130	6870	250	\	9250	
员工9	E	10000	1000	2130	6870	0	\	9000	
员工10	试	8000	800	2130	5070	800	\	8000	
员工11	无	10000	1000	2130	6870	0	\	9000	

备注：1. 工资均以10000元 / 月为例，展示不同绩效等级下的薪酬浮动状况。

2. 绩效奖金的计算见表格右方备注，计算非常简单，只需每月把绩效等级导入“绩效等级”栏位即可自动计算。

3. 原则上试用期员工在学习和适应阶段，不计算绩效奖金，给他们安全感。

2. 评价分为 A、B、C、D、E，共五档。员工工资分出10% 比例的工资作为绩效工资50% 的总额（也可以在年度加薪的时候以普调加薪的部分作为浮动工资，即绩效工资的50%）。

考评等级对应的奖金系数

考评	考评系数
A	200.00%
A-	175.00%
B	150.00%
B-	125.00%
C	100.00%
C-	75.00%
D	50.00%
D-	25.00%
E	0.00%
试	100.00%
无	0.00%

例如：一员工的月薪10000元人民币，则月度绩效考核施行后，工资拆分为固定综合工资9000元，绩效工资1000元。考评为 C 时绩效部分1000元该月月薪（税前）10000元，考核 A 时绩效部分2000元该月月薪（税前）11000元，考核 E 时绩效部分0元该月月薪（税前）9000元，B、D 依此类推。

三、绩效考评小组规则

四、附考评表

员工月度绩效考评表——2018年 × 月

序号	工作计划要求	实际完成	得分	权重
1				
2				
3				
4				
5				
6				
总计得分				
自我评定：		C	个人签名确认：	
部门考评：			考评人：	

备注：1. 计划有数字要求的，实际完成按数字填写；

2. 个人须签名确认后有效。

考评等级 可以用百分制 100以上 A，90~100 B，80~90 C，70~80 D，70分以下 E（分数仅供参考）。在“月度绩效考评表”里划分关键指标及完成的权重，这时候百分制就可以用上了，方便用权重计分了。

绩效系数（决定绩效工资的浮动金额）是跟等级（ABCDE）挂钩固定的，如文中截取的图表所示。

最后再啰嗦几句：

我也想转告所有卡卡，这里搭了一个框架，有些部分可以自行调整，考评标准和规则要依据自己公司的情况来定。一个制度要落地，因地制宜很重要，最重要的是依靠大家这些敬业好学的HR们的综合能力和实力！

最后，能成功推行绩效的，都是狠角色！

第四节
一套设计思路，教你破年度调薪难关！

话题：如何破年度调薪难关？

每年到年底的时候，想必大家除了做年度考评、计算核发年终奖，也要为春节后的年度调薪做好准备，甚至现在就要想好思路，设计出方案了。时间不多，任务不易啊！

关于调薪，可真真是个两难的工作，多了老板不愿意，同时资金有限、公司长远发展受阻；调少了员工不乐意，赶不上通货膨胀的速度，不满意，员工撂挑子或者直接投简历找别家去了。

老板、管理人员、员工都会关心调薪，而每个人在这件事情上的想法和认识也是不同的，众口难调，资源有限，十分为难。

好的调薪方案着实不易，但是身为 HR 经理，薪酬关系重大，调薪的难关必须要破！那么掌握一套有理有据、科学合理还可行的年度调薪设计思路非常有必要。

这里，提前给你备好了一套设计思路，教你成功地破年度调薪难关。

既然每个人对调薪的期望、想法是不同的，那我们先来了解一下上上下下的这些“客户们”的想法和需求吧！

各个层级的人对调薪的看法：

老板眼里的调薪：

绩效表现好的，该涨的一定要涨；混日子不出工作成果的，不该涨的一定不能涨。同时总额要控制，不要超过老板愿意承受的限度。公司赚钱可以涨；公司业绩不好，亏损，就别提普涨了。

员工眼里的调薪：

在公司又过了一年了，猪肉白菜都涨价了，怎么也得涨点工资吧。不涨工资，年后就跳槽！哼！

部门经理眼里的调薪：

不涨工资兄弟们工作积极性下降，涨的话人力资源部怎么老为难我们。

HR 经理眼里的调薪：

人力资源也苦恼啊，夹心饼干不好做，老板要不要涨，给谁涨，涨多少？薪酬方案不好做啊！

先来了解年度调薪要考量的核心因素：

1. 公司的业绩、人均产值。

还是那句话，企业锅里有，员工碗里才能有。企业锅里要有米，才有钱涨薪，没有米，就不适宜谈涨薪。

同时也要关注人均产出。一家制造型企业，企业年营业额3亿，员工500人，毛利7%，人均产值60万，人均利润4.2万。另一家同行企业总营业额相同，毛利相同，人数少一些，人均产值100万，人均利润7万。显而易见，后者涨薪的可能性和力度会大于前者。

所以，要想涨薪，就要努力达成业绩目标，帮助公司盈利；同时要提升人均产出。这是涨薪的基础和前提。

2. 员工专业能力。

企业赚钱，可能是市场因素或者政策因素，比如国企，工资就不会太高。涨薪这件事情，落实到具体人员身上，需要关注员工专业能力、技术、知识、经验的提升。有能力的人，重点激励、重点涨薪，起到保留高绩效员工的目的。那些当一天和尚撞一天钟的员工，一个经验用几年的员工，不思进取蒙混度日的员工，控制涨薪幅度，侧面实现优胜劣汰的目的。

薪酬的定价原则是给予员工与之能力相符的工资。有的时候也会有招到的人工资给高了，只值5000元的人定薪8000元。受困在于他的谈判能力和面试的表现。怎么办？同是做一个岗位的JAVA开发，哪怕年资相当，能力水平也可能存在差异，要按能力水平来定薪。不值得的人，宁可不要。能力与薪酬不匹配，也不会长远，迟早要分道扬镳。

3. 竞争对手的薪酬压力。

竞争对手给的工资高的职位，薪酬就会水涨船高。比如，前段时间有个职位是UI工程师，因为互联网企业的相互竞争，抢人抢得厉害，竞争对手给的高，你给的低了就招不到人，或者自己的员工跳槽去对手公司。事实上那些岗位的实际价值低于定价。后来互联网企业泡沫破灭了，该类职位的人又回到人才市场，薪酬比以往要理性多了。这种方式在企业里是很难长久的，不值得效仿。所以，我们需要关注竞争对手的薪资，以免人员流失，但是要有底线和原则，不可盲从。

4. 每年的工资指导线。

每年各省各地区都会有工资指导线，会规定每年涨薪的基准线、上限和下限。这是一个很好的参考，也是个可以拿得出的数据。

5. 工资总额控制。

工资占整个公司盈利的百分比，中国一般的公司大概是20% 左右，最高不要超过25%，具体也得分行业，制造实业类要低一些，互联网虚拟产品的要高一些。腾讯、华为工资虽高，但是盈利更高，他们都是将工资总额控制在自身可接受的范围内的。

4. 公司是否上市，规模大小。

比如期权、股份、分红，这些加起来共同构成员工的工资。这些部分，也需要整体考虑在薪酬范围内。

我们分析了影响涨薪的核心因素年度调薪方案，那么可以顺势推导方案设计思路了，调薪方案的关键点也就呼之欲出了。关键点如下：

1. 关注公司的业绩、人均产值。决定是否涨薪以及涨薪的比例。

人均利润率高，涨薪幅度大；反之则少。某公司人均净利润每人70万左右，某软件公司人均净利润2万左右，两者加薪，前者有，后者无。调薪的前提——公司得有钱。

2. 关注员工专业能力的增长情况，决定给哪些人涨薪以及涨多少。

有些国有企业和事业单位，非常看重工龄，也就是年功工资。工作年限增长，年功工资事实上并没有什么作用，如果只看工龄，贡献多少都没有差别，只要混的时间长就有，实际上并没有多少激励。新加入的优秀员工时间长了反而也不愿意努力了，或者流失掉，非常可惜。组织会失去内部竞争，也就没有活力。

好的方法是，既要看工作年限，也要看个人专业水平的增长、经验积累、技能提升、岗位价值、业绩贡献，作为涨薪的基础。关注成长很快的员工，因为能力上升后的员工不涨薪会被别人诱惑走的。

所以，一套完整的任职资格管理体系就变得非常有必要。任职资格管理体系并不孤立，不仅能帮助我们做人才盘点、招聘、培训，而且所有的激励、晋升、调薪都可以从任职资格体系中找到依据。

附各类型人员的调薪依据及沟通要点

类别	人员	出现问题后的沟通要点
市场因素调薪	高管	市场变化因素、公司利润、来年的人力成本预算。一般身居此位的人员，已经不重视短期利润。所以和他们的沟通针对其薄弱之处，唤起他们的责任感，自然水到渠成。
绩效因素调薪	销售类人员	调薪前收集到的绩效考核数据，结合公司目前的状况，晓之以理，动之以情。
晋升因素调薪	重要职位人员	能力问题。公司不是慈善机构，需要大家群策群力才能在激烈的市场竞争中生存下来。物竞天择、适者生存，是恒古不变的道理，想要高新，增强自己的能力。
能力调薪	新技能的人员	以激励为主，鼓励他们在专业水平及技能上更进一步，这次调薪幅度不大，是为下一次的高幅度调薪做好准备。
工龄调薪	后勤支持类的人员	此类人员因调薪幅度不大宜出问题。平和沟通，愿意就留下，不愿意走人。

3. 关注当地工资指导线，决定涨薪的幅度和水平。

每个地区的工资增长基准线、上限、下限，是年度调薪的参考，与国家的人均 GDP 相关。每年的工资级别平均而言应该缓步上升，赶上通货膨胀速度。个人觉得，年度调薪总额在8% 左右是合适的，因为我国 GDP 连续多年平均增长率在7%~8% 左右。涨薪上限20%，基准线一般在12%~15% 之间，特殊人员除外。

4. 必须深入分析竞争对手的薪酬水平，决定重点涨薪的人员类别。

这个数据很难拿到，但是非常重要。与竞争对手比较，看你的人才战略，保留的是高级岗位还是中层岗位，死保哪一级别就在哪个档位给有吸引力的高薪。也要看你的人才储备情况，哪一级别稀缺，重点保住；哪一级别后备充足，保持不输市场水平即可。

最典型的案例，比如华为，这几年高薪招应届生，优秀应届生的储备多干劲足，有足够的人才储备；而一级人员臃肿，薪酬相对对手有优势，人才不愿离职。所以，华为采取的策略是重点给能力增长的一线员工加薪，而中层加薪相对较少。

题外话：要想人才梯队保持稳定，安全不受要挟，企业应该在关键岗位或级别上储备优秀人才，这样谁走都不怕，反而更安全。

5. 控制薪酬总额，涨薪总额要控制在利润总额的一定比例内。

如前面所说，涨薪比例要控制在利润总额的20% 左右。这个数据是大多数公司的人力资成本比例，仅供参考，具体看行业。

员工要加薪，这个正常；企业要赚钱，这个对等。企业给员工加薪，员工则该在来年多出力，提高产出及工作效率，薪酬测算依据人均产出增长情况。

同时，要保证企业的发展速度，薪酬增长比例要低于业绩增长的比例。想要实现，也需要用提升员工效率来补，人员增长速度也要低于薪酬增长额度。

假如去年2亿收入，今年要3亿，增长50%；去年500人，今年600人，增长20%；去年人均产出40万，今年定50万每人。这种局面是可以给加薪的。人均产出增加，同时也要求后面新增的人是高绩效的，不然年度任务很难达到。

比如，华为是一个人做两个人的活，给1.5个人的工资。这个有点狠，这样的后果是员工比较辛苦工作负担太重。合理的比例是三个人做五个人的活，给四个人的工资总额。这个定薪标准是合适的。

6. 注意调薪不是普调，该调的要调，不该调的也坚决别调。

调薪这件事情上一视同仁，并不会有好处，反而会适得其反，对有能力、有贡献的人是种伤害。

调薪，也要体现管理思想和人才政策方向，应该是能力、业绩好的员工要调，新员工满一年尤其是应届生技能成长的要调薪，职位晋升的要调不然他们心里会不平衡，竞争对手薪酬明显涨了的职位要调，还有工作水平超乎期望的要调。

同时，能力弱的不调，犯过错的不调，岗位价值不高、容易代替的不调。

该调与不该调，老板、经理、HR 心里都应该有一本账。

7. 控制固定成本。

固定薪酬成本，小公司不要太高，可以提高变动部分；大公司体系、流程、制度完善的可以提供固定成本，变动成本占小部分。看公司的发展阶段和战略，初创阶段、稳定阶段、退出阶段各不一样。薪酬战略不同，所采取的薪酬固浮比也是不同的。具体情况具体分析！

附表格参考

结构类型	高弹性 薪酬模型	高稳定性 薪酬模型	调和性 薪酬模型	混合性 薪酬模型
基本薪酬	低	高	中间水平	根据不同岗位序列，合理使用以上三种方式（如销售、职能、生产）
浮动薪酬	高	低	中间水平	
员工感受	收入波动大，压力大，安全感低	收入波动小，安全感强，压力小	稳定、适中	

8. 依据市场薪酬数据设计经理年薪。

关注并参考市场上职位的薪酬数据。个人觉得重点岗位，比如经理岗位要给有竞争力的薪酬，经理人不作为，对组织的影响是很大的。核心人才等对业绩影响较大的人，也需要重点关注。

当然也会有个案，在现有薪资等级的基础上，现有调薪结果已定。有些人不满足现有薪资，不调薪要走，那为了保障整个薪酬的平衡，只能让他走。

另外，有些重点人才，要求调薪的幅度高于目前等级，但是业务发展需要要求重点保留他，也可以采取其他方式暗补，比如油费、餐费报销，不做在工资里。也是个很好的解决方法。

以上是我对于调薪思路设计的一些提示。

需要补充关注的是，调薪要关注岗位价值和任职资格。如果没有对岗位价值的评估，没有对人能力的评估体系，薪酬评估是没有规则的。

只有建立了规则，每个岗位有明确的标价，员工的薪酬才会有依据。以制度和依据来服人，出来的调薪方案，才更容易被接受和认可。

调薪的逻辑是，根据市场价值、员工实际能力、岗位价值来做评价，同时关注市场竞争对手薪酬变化、薪资指导线，并且依据任职资格评价结果进行调薪。将绩效水平高的人挑出来进行调薪，关注核心人才。那么你做的年度调薪方案，想必就会是很专业的了，期待你精彩的表现！

第五节
薪酬 HR，你必须值钱，才能有价值

话题：作为薪酬专员，应该如何提升自己的价值？

一名毕业三年的人力资源管理专业学生。在学校的时候专业课老师就说过在人力资源大模块中薪酬与绩效的技术难度最高。毕业后其他同学大多选择了招聘与培训模块，而他却出于年少的挑战心理，通过校招入职了一家集团公司从事薪酬工作。入职之初，他迅速完成了从助理到专员的转变。如今却在薪酬专员的岗位上停滞了两年多，虽然表格的运用愈发熟练，但是内心总觉得岗位的价值难以体现。从事招聘和培训的同学可以拿出超额完成的数据来汇报工作，而薪酬核算与发放不出错误是岗位最低要求，至于薪酬方案设计这些工作，作为专员只需要执行就好。有时候觉得自己的工作好像并不出彩，很容易被人替代。

那么，作为薪酬专员，应该如何提升自己的价值？

确实，薪酬模块是人力资源模块中非常专业、难度也很大的模块，但从事薪酬工作的HR却可能是整个HR部门最沉默的人，给人的印象是只要“细心”“准时”“不出错”，工作任务按时按质执行好就可以了。是时候该关注下“薪酬”模块小伙伴的生存状态，提供合理建议了。

薪酬模块也很重要，同时也有很强的专业技能要求。在整个人力资源管理模块中，薪酬管理无疑占据着重要的地位。而在薪酬管理工作系统中，制定出具有有效激励功能的薪酬制度可以说是薪酬管理的核心，是员工很在意的部分。而一套薪酬制度和方案的制定、实施和落地，对HR综合能力的要求也是极高的。

我最初是从招聘、培训岗位开始人力资源工作的，后来机缘巧合，或者说也多少有点迫于无奈地接手500多人的集团性公司的全部薪酬核算工作。因我本身是文科生，对数理化这种计算什么的天然是有些怕怕的。但是抗拒无效之后，只有坦然接受、埋头苦干，独自包办了一年多的薪酬核算和绩效工作。

500多人的工资计算量，人员岗位种类复杂，数据多。加班很多，请假、入离职也很多，并且算法不一、情况还很复杂，没有软件和ERP，完全靠Excel手动计算。真的算得我手酸，五脏俱焚，彻夜加班、通宵达旦也是有的。

人数众多且算法各不一样——研发人员、职能部门按工时计算工资相对简单；制造工人200人，按照计件和计时的工资制计算，这张工资表要耗费一半的时间；有客服人员100多名，按照工时和电话量计算工资；营销人员，按照基本工资加提成的形式；还有两家子公司、事业部的工资算法也不同。从最开始的一个月用15天时间、熬十天半夜，到后来用一周的时间核算不熬夜。我做工资的水平大幅度提升，做起工资轻车熟路，对工资结构、薪酬组成也是了然于心。

量变引起质变！做完工资以后，很神奇的是，再做招聘时，人员定薪我再也不迷茫了。而且在做定薪的时候能考虑到内部公平，通过招聘掌握市场薪酬，外部公平也能兼顾。

了解过薪酬以后，人力资源的六大模块才算是真的通了，招聘、绩效、薪酬、员工关系相互关联，牵一发而动全身。

比较有意思的事例是，前一段时间领导要求我设计一套职级职序对应的宽带薪酬范围，在不给我掌握本公司内部薪酬的情况下给出方案。后来，我其实是花了十五分钟，把管理职序、研发职序、专业职序、营销职序的大概工资范围给了出来。与内部工资表的实际情况相差无几。

同事很惊讶，问我数据在哪里？怎么做到的？我指了指头，说这就是亲自做薪酬给我带来的“手感”。

大多数 HR 会从招聘或培训开始自己的职业生涯，而薪酬和绩效就会成为他们是否能晋升到 HRD 或 HRVP 的门槛和瓶颈。这也是杜拉拉为什么非要转向薪酬模块的原因吧！除了在“奋斗的一年里，与理想有关”以外，薪酬绩效模块确实是一道不可避免的通往晋升之路的分水岭。

做招聘、培训起步的 HR，如果有机会学会了薪酬和绩效，真的能飞升上神。

如果你目前已经初步掌握基本的薪酬了，是件好事，虽然明显看出现阶段有懈怠和麻木，不过能看到问题就不要紧，有救！这状态跟我所见到的薪酬专员状态很相似，做着日复一日的工作，越来越保守，也越来越看不清方向。

薪酬 HR 与其他岗位一样，要让自己值钱，才能体现自己的价值。那么，薪酬专员应该如何变得有价值？以下建议仅供参考：

1. 深耕薪酬模块，做行业的专家。

薪酬模块是一个比较专业的模块，薪酬核算也是门技术活，这是你的核心技能，深度还不够，需要精耕细作。因为这项核心技能绝不仅仅是做做工资表、算下考勤、各种数据导入计算就可以了的，还可以深挖的部分也不少，而且很有意思。

比如设计宽带薪酬制度，比如薪酬拆分的设置、还有薪酬每个小部分的意义价值和制度的设计和制定；比如工龄工资、岗位工资制度、各种补贴制度的设计，都够你学习和深度挖掘了。成为这个领域的专家，你会变得值钱和有价值。

2. 利用薪酬知识，支持并参与其他 HR 模块的工作。

薪酬模块是人力资源中一个重要的模块，它不是孤立的，掌握它，并给招聘或员工“入离调转”时的薪酬调整做依据和标准，也要多了解和参与其他模块。此条既能增加你的复合能力，使你的职业前途更加宽阔；同时帮别人提供指引和帮助，也体现你的价值。试想，如果招聘的同事在定薪的时候，习惯性地都要问下你的薪酬建议，那该是一件多有存在感的事情啊！

3. 熟读掌握《劳动法》，给薪酬系上安全带。

薪酬的运用方式经常会在劳资纠纷中影响劳动赔偿金的数额；影响病假、产假的基本工资发放，还有一些薪酬设计本身就有法律漏洞。我曾输过一个劳资纠纷，就是因为这位高管的工资表里没有设置“加班费”，而员工举证自己有加班的打卡记录。当然，幸运的是那张“高管们”的工资表是财务总监做的。

合理、高明的薪酬拆分，能降低赔偿的金额和减少一些可避免的部分支出；还符合《劳动法》，使企业合法合规不留漏洞；同时也维护企业利益，薪酬给企业劳资纠纷系上安全带，减少损失。你守护了公司的利益，为企业发展保驾护航，你的价值终会大放异彩。

4. 薪酬绩效不分家，从薪酬走向绩效管控。

做过薪酬，再往绩效的方向延伸也是不错的选择。绩效考核是企业马车的缰绳，能牵能拉，也能控制速度和方向。绩效管理能调动企业的内部资源，也是很多老板很在意的部分。

薪酬 HR 往绩效发展有天然的优势。首先是计算和统计数据的技术和理性思维的能力；再者，工资表里就有绩效工资部分，将此部分研究透，再改进优化，设计成适合本公司需求的绩效考核方案和实施办法。能做薪酬又掌握绩效的 HR，势必会值钱并有价值。

5. 在企业内部找到痛点，提升福利规划，提升自己。

在你工作的范围内或延伸出去是否有痛点？

好多员工会整天叫嚣“工资低、福利差”，这就是你的机会，把绩效中的福利部分放大，做出最佳配置的规划也是一个好的方向。

学习并掌握薪酬福利规划，制定适合本企业的薪酬福利制度，提高员工的满意度、积极性、主动性。你的价值不言而喻。

总之，当你对自己不自信，当你迷茫不知所措，当你怀疑自己价值的时候，你应该是到了瓶颈期。这个时候，不要慌、不要着急，你应该继续学习了！静下心来，通过学习前人的知识精华，找寻适合自己的方向，突破瓶颈，你将迎来更广阔的发展。

年轻人，不要怕多做事，不要给自己画地为牢，也不要自我设限，有能出力的地方尽情发挥自己的才华。尝试得多会帮你找到位置，日积月累，你会更了解自己，知道自己想要什么，该往哪里走。

前途是光明的，道路是曲折的，路曲心直，终将到达彼岸。

努力吧！

第五章

润物无声——员工关系篇

第一节
说说解除劳动合同的那点事

话题：说说年末解除劳动合同的那点事。

某制造企业的一名HR，快到年底了，公司淘汰了一部分业务能力较差的员工，有劝退的、也有支付赔偿金解除的。其中有一名员工很强硬，表示公司除了应支付解除劳动合同应付的赔偿金外，还应按出勤月份折算今年的年终奖。然而，他们公司的薪酬制度明确表明了每年12月31日前离职的，不予发放年终奖。同时，他也咨询了一些朋友，发现年终奖、年终双薪以及年终绩效等概念好像在操作中各不相同，而且还分员工主动离职与被动离职，看得他头都晕了。

先铺垫一下，做劳动关系处理、辞退纠纷恐怕是哪个HR都不愿意主动招惹的活儿吧？很得罪人，伤害员工利益，公司也要赔钱，两头不讨好，动辄还可能引火烧身——HR操作辞退员工，被员工捅刀子的事件也是时有发生。做 HR 真不愧是拿“命”在工作啊！

那我们要不要做呢？是逃避还是勇往直前？

前几天看了刘建华老师讲课的视频“如何成为年薪百万的 HR”，感触很深。他在课程里面提到，大多数 HR 的年薪都会在20万以内徘徊，百万年薪 HR 一将难求！

受限的原因不是专业程度，其中一个重要原因是大多数 HR 为求自保或稳妥，不愿意做得罪人的事情，先搞好人际关系活下来再说。从出发点开始就沦为了企业运营的配角，唯唯诺诺，上不去高阶 HR 的门槛。而真想做到高阶 HR 一定要有“狼性”——比如敢于打破旧的体制，清理拖慢整体运作效率的不合格员工，甚至尸位素餐的高级管理人员。有胆识有魄力，可以破旧立新，勇于担当，直击业务核心、提供强而有力的组织管理和职能支撑的人力资源管理者始终是稀缺资源。

连《杜拉拉升职记》里面都说，一个成熟的 HR 必须辞退过人！那么，就让我们借这个案例，好好探讨下如何处理员工辞退吧。

非常巧，正好前天我还和我以前一起工作的 HR 妹妹聊起他们公司想年底辞退员工，员工索要年终奖的事情。

我在之前的经验中，在劳资纠纷的处理方面也算是身经百战，深谙其套路。现在就系统地整理分享下，年前与员工解约，企业如何规避年终奖金发放的法律风险？重点探讨辞退员工的步骤和要点。

先说法律依据，律师的答复：

1. 年终奖是老板给予员工一年来的工作业绩奖励，对于员工来说是一种物质奖励。被公司辞退了，那么已经解除了劳动关系，是不可以再享受公司福利的，也就不能得到年终奖。

2. 被公司辞退，公司需要足额支付员工工资，但年终奖属于公司对员工的福利，不属于工资中的一种，约定的固定年底双薪除外。

3. 无故被辞退可以要求公司支付双倍经济补偿；经济性裁员可要求公司支付经济补偿；业务能力差、贡献度低，公司可以与员工协商解除劳动合同。

4. 经济性补偿标准：《劳动合同法》第四十七条 经济补偿按劳动者在本单位工作的年限，每满一年向劳动者支付一个月工资的标准。六个月以上不满一年的，按一年计算；不满六个月的，向劳动者支付半个月工资的经济补偿。劳动者月工资高于用人单位所在直辖市、设区的市级人民政府公布的本地区上年度职工月平均工资三倍的，向其支付经济补偿的标准按职工月平均工资三倍的数额支付，向其支付经济补偿的年限最高不超过十二年。

本条所称月工资是指劳动者在劳动合同解除或者终止前12个月的平均工资。也就是说，如果前12个月里面有合并发放年终奖，是可以计算在内取平均数；同时如果之前12个月没有发，那就没有计算年终奖的事情了。

另外，你公司有制度规定每年12月31日以前离职的，不予发放年终奖。这条规定很有用！查下他有没有签阅记录，有更好，心服口服。没有的话，确保你的制度都经过公网、公告栏或其他形式公示过，员工都能看到并知晓。操作上，公司事先有规定，只要合法，都是可以被支持的。

总结：辞退的赔偿成本是按年限计算的，几年就是几个月，不足一年按一个月算，不足半年按半个月计算。

赔偿的基数是以往12个月的平均税前工资，看下以往12个月内有没有发年终奖，即使有也是要平均的，影响不大。不存在业绩不好还专门补给他年终奖的事情，同时，你制度有规定12月31日前离职不发年终奖，白纸黑字，是一种有效的风险规避办法。

最大限度的赔偿是“非法辞退”，赔偿标准是2n 个月工资，“n”指工作的年数，不需要加1个月。

有效规避的方式，就是在制度上规定，按贡献度分配年终奖，约定辞退者不享有年终奖，目前约定时间的做法也是可取的。另外，一切皆可协商，如果没有深仇大恨真的没有必要闹到对簿公堂的地步。一旦诉讼，企业不占优势，还落个案底，大多数也得赔偿，要维稳嘛！所以，不划算的事情别做，可以边打边谈，尽量避免诉讼。

还比较幸运，你辞退一批人中只有一个比较强硬，刺头不多，所以不会太累。但是，举一反三，姿势要对，动作也要到位。

接下来进入辞退工作的环节，以下是辞退这件事情的正确打开方式。

◇ 一、辞退前的准备。

不打无准备之仗。没有准备成功就是在为失败做准备。辞退以前要做这些工作：

1. 调取员工信息和档案，重点关注劳动合同是否齐备。没有劳动合同就会再罚一份他的全部月薪，也就是双倍工资、入职时间 + 约定的薪酬，这决定了赔偿数额，自己要先算清楚。

2. 看看员工有无违规情况，通常我会全部核查一下他的学历、学位证件。我有遇到入职的高管是假学历的，劳动合同立马无效；还可以审计他的财务支出，有超过5000块的贪污索贿就可以判刑事责任，无条件辞退了。

3. 调取考勤记录，有些公司在考勤上面有约定旷工多少天算严重违纪的。一旦严重违背公司的规章制度，企业可以无条件解除劳动关系。考勤不规范，长期迟到、早退、旷工杀伤力巨大。并且在考勤上严格管理，让他待着煎熬就对了。

4. 调查搜集支撑辞退结果的信息和资料。师出有名，很重要！找他的上级、下级、平级、相关部门了解他的工作情况，当然是不合格的工作表现。另外，给相关人员提前通气，请求协助，交代别人不要与他再亲近。营造一种他非走不可的气氛和气势。

5. 知己知彼，百战不殆。做好这些，心里有数。相信你已经知道要怎么跟他谈了，并且赔偿金额心里也有数了，气氛也烘托到位了。这时候，也要想想如何才能少赔点，这个也是显示 HR 的工作价值和能力的。多为公司利益着想，对 HR 来说准没错。

◇ 二、辞退过程。

有了充分的准备，就可以伺机而动了。辞退过程有如下要点：

1. 时机要选好。

辞退谈判早晚会来，HR 不要心急，不可自乱阵脚，要掌控火候，要等对象耐不住、不舒服、等不及了才是好时机。这是心理战术，你放心，他比你难受。

2. 立场和态度要正确。

作为 HR 做辞退谈判，千万别偏激、站错位，要摆正位置——自己是企业和员工中间沟通的桥梁，不是夜叉索命，也不是员工的同伙，就是居中调停的角色。要表明，我们不是有心为难员工，企业也有自己的难处，我们的介入可以让员工得到部分补偿，有个相对体面的结尾。将心比心，你尊重员工，并客观地反映企业搜集的情况，有利于争取一个双方都满意的结果。

3. 然后把我们核算和领导认同的赔偿方案拿出来说服他接受。

要砍价，也在这一环节。看你的能力，也看老板的心意了。

4. 谈妥以后，马上签字画押，不要拖，一刻也不要拖！然后尽快办理离职交接手续，果断迅速地完结任务。

◇ 三、辞退后必须要安抚。

该谈的都谈完了，不可立马变脸，不管不顾了。人都是有心有感情的，一个员工背后可能上有八十岁老母，下有嗷嗷待哺的小娃娃。所以 HR 做完手术，请记得适度缝合下创口，善始善终。

客观地认可他的优点，帮他指出缺陷，鼓励他以后好好干，多几句安慰和祝福就当积德行善了，可能因为你的一句话，他的未来就完全不一样了，也有可能挽救一个家庭。

如果还能多做点，给他一点指点或介绍下别的工作，当日行一善了。

我通常会跟辞退对象说，走到今天这样的局面，坚守在本企业已经没有前途，不必执拗，外面有更好的职位，薪酬也可能比现在高。出去闯一闯吧，也许是好事。

我做的辞退案例，都有帮公司省钱，但是员工都不恨我，甚至感谢我，因为我尊重和理解他们，加上他们有些确实拿到了应得的赔偿金，大部分心态调整后能很快找到工资更高、更适合自己的工作了。

所以说，可能有些员工与你的企业不适合，但是不能全盘否定别人。

任何时候，尊重别人，以人为本是基本的要求，做 HR 就是在做人心啊！

总结此案例里面，年终奖不是必须要给的，辞退基数也可能与年终奖关联不大。

通过案例学习辞退技能才是关键——面对强硬的待淘汰员工，要做好充分的准备，过程中拿捏恰当，事后多些安抚。处理劳动纠纷不再是难事！

掌握劳资纠纷的解决套路，做一个杀伐决断、狼性十足的 HR，才是有前途的 HR！敢于剔除不能提供工作成果的员工，打扫清理员工队伍。我们对企业、对员工也算是不辜负。

第二节
整肃纪律，须刚中带柔！

话题：公司该不该安装摄像头，如何管理和约束员工的日常工作行为？

公司有员工混日子打酱油，因此辞退了他，结果因为无法提供员工消极怠工的证据，劳动仲裁败诉。于是老板要求在办公场所偷偷安装针孔摄像头，以便监控员工行为。被员工发现了，引发员工强烈不满，说侵犯员工的隐私权、人格权。

这个案例看起来有点“狗血”，其实很有意思，值得写一写，说一说。

法律是公司活动的底线，也是 HR 行为的底线。首先来看一下办公场所安装针孔摄像头是不是违法？

所谓隐私权是为众多法律系统所支持的一种人身基本权利。指自然人享有的私人生活安宁与私人信息秘密依法受到保护，不被他人非法侵扰、知悉、收集、利用和公开的一种人格权。通俗来讲，隐私就是自己的个人私事、个人信息等个人生活领域内的事情不为他人知悉，与公共利益、群体利益无关，禁止他人干涉的纯个人私事。

所谓人格权，是指作为民事主体的自然人对自身所享有的权利。自然人的生命、身体、健康、自由、姓名、肖像、名誉、隐私等，是作为一个“人”所不可或缺的“东西”，我们可以称之为“人格利益”。作为民事主体的自然人，对自己的生命、身体、健康、自由、姓名、肖像、名誉、隐私等“人格利益”所享有的权利，称为人格权。

看了这些对“隐私权”“人格权”的定义，相信各位看客都会和我有一样的感觉——在公共办公场合安装摄像头，怎么就侵犯了员工的“隐私权”？公司不是你的卧室，是在办公场所，相当于公共场合，安装摄像头不算作侵犯“隐私权”。

至于“人格权”就更是莫名其妙了，公共办公场所安装“摄像头”，尊敬的员工，你身正不怕影子斜，你没有做违法乱纪的事情，对你人格方面又有什么损失呢?

所以，从法律角度上看，公司在办公场所安装监控并不违法，也无所谓侵犯员工的“隐私权”“人格权”。监控能够监督员工行为，为下一次遇到劳动纠纷提供证据支持，顺便加强监督，有警示作用，减少一些员工在办公场所消极怠工、打酱油的心态。员工闹，估计是有些自我意识又不精通法律条文的人借题发挥，事情可大可小，应谨慎对待。

那这件事情有什么风险呢?

首先，偷装摄像头的这个事情毕竟败露了，已经引起员工的强烈不满了，这种事情不处理好，对企业声誉和 HR 在老板心目中的印象会有影响。

再者，员工强烈不满，明显是不愿意被监控，心不甘情不愿，想抗争一番，如果处理不好会加剧员工的不满，导致员工生出“异心”，劳方和资方的矛盾加剧，对企业的长期发展不利。

那这件事情该如何解决呢？应该如何合理监控公司员工的行为呢？

我的观点是，整肃纪律，须刚中带柔！

作为这场风波中的核心角色，夹在两难之中的HR，先立好自己的立场——我们要“一个中心，两个基本点”。以经济建设为中心，做劳方和资方之间的平衡木，兼顾双方的利益，不能太刻意而明显地充当一方的“代言人”。

以经济建设为中心，即以企业的长期持续的稳健发展为核心，这样大家才能都有钱赚，有饭吃；两个基本点，既要最大限度地满足和服从企业主的要求，又要传达员工的合理诉求并安抚好员工的情绪、尊重他们的合理诉求，使他们身心愉快又不会行差踏错地工作着。

以上是“道”的层面，接下来是“术”的层面。对于这件事情的处理，我有以下建议，希望对你有用。

◇ 一、企业在办公场所装监控不违法，也是有这个权利的，但是你做的时候，要有技巧地提前发声明美化一下，不要偷偷安装。

比如，作为HR你可以事先发一个通知，给这件事情一个合理的说法——“为了谨防资产丢失，保护人身财产安全，出于安全起见，将在办公室的一些重要位置安装摄像头，感谢大家的理解和支持。”得提前给这个有隐患的行为一个光明正大的理由，才能避免员工发难。

◇ 二、对症下药，了解下哪些人反对，反对的理由是什么，然后有针对性地解决。

临危不乱，以静制动，谋定而后动。识别一下是哪些人在强烈不满：

1. 有可能就是那些平时表现懒散，工作效率低的员工，这种员工一旦被识别出来，大可以“除之，以儆效尤”。

2. 中等表现的员工强烈不满，了解下他们反对的原因，排除“隐私权”“人格权”这些已经解决的问题，可能他们只是反对在某些特殊的位置装监控，比如是不是反对在厕所啊或者吸烟走廊、会客办公室装，有些地方确实不适合装，可以协商做适当让步。

3. 平时表现好的员工也需观察下他们的反映，看看有没有要特别处理的情绪问题。

◇ 三、前事不忘，后事之师，为了防微杜渐，防止之前的劳资纠纷诉讼再次失败，保障公司的合法权益，确定是正确的决定就应该要坚持，不能屈服退缩。

公司管理员工的行为总会或多或少地引起员工的“不舒服”，作为 HR，关键的时刻要力排众议，做企业的排头兵，坚持原则和界限。

就像 HR 有的时候为了企业“活下去”或管理要求不得不做人员“优化辞退”一样，这次的装监控事件是为了监督员工，也是为了保障企业效率，关系到企业的生存和更好的发展。我们在公平公正的基础上，去维护企业的利益，为企业稳健发展保驾护航，那些大多数兢兢业业付出的员工才能一直有饭碗、有饭吃。不能为了一些不想受约束的员工留空子钻，有压力就逃避、退缩。要坚持和维护企业做出的正确决策。

如果被“闹”一下就服软，企业管理者的权威将荡然无存，以后还怎么管员工？反之，我们的坚持捍卫，也维护了企业管理的尊严，令行禁止，公司的管理继续行之有效。

◇ 四、对员工以理服人，以情感人，以法明人。

人是讲情感的，原则要坚持，实施的手段要灵活、柔软。体现危机公关能力的时候到了，多沟通多说服多一些耐心和将心比心。

整肃纪律，原则要“硬”，但是在处理的过程中，要尽力耐心沟通，细心说服，将员工的负面情绪降到最低，以保证员工不因此而有情绪化的过激反应，比如赌气离职、群体性的冲动。要将这种情况降低，这就体现 HR 的专业能力和沟通技巧了。同时，可能不是每个人都能通情达理的，比如那些经常在办公室偷懒、尸位素餐的人，那借此机会，把他们筛选出去了，不是挺好的吗？

总之，企业是以盈利为目的的组织，它不是游乐场。让员工满意的目的也是为了提升效率，提高盈利能力，大家共赢，而不能以损失效率约束性为代价去博取员工所谓的“满意”。

作为 HR 要知法懂法，在实践中不断学习。同时在波涛骇浪层出不穷的劳资纠纷中，我们应该有正确而明确的立场，知道自己应该站稳的立场的核心点，并应利用自己的专业能力、运筹帷幄的能力，从中斡旋，助力企业劳资关系往和谐的方向发展，在企业的发展旅程中实现自己的价值。

与君共勉！

第三节
沟通无限，花样“破冰”，从心开始

话题：如何与90后员工破冰，调动他们的积极性?

有一个60后的 HR 老兵，主动尝试与90后员工沟通，拉近距离，参与员工活动。但是苦于员工总是表现得兴趣阑珊，不知道该怎么办。

我们现在就来探讨下：如何与90后员工破冰，调动起他们的积极性呢?

关于这种“代沟”问题，可以说是由来已久，还有人说三年一代沟。每一代的经历不同，思想和行为的风格也是不同。

正如我们自己所经历的那样，一直以来，总有人批评90后、00后如何思想堕落，如何离经叛道，如何扶不起来。

网上也有人这样回应：

有人说，90后是道德毁掉的一代人，是“垮掉的一代”，但是90后特别地不理解。

自顾自跳广场舞扰民的不是他们；

不让座就拳脚相加的也不是他们；

碰瓷耍赖的不是他们；

炒高房价的不是他们；

开黑心食品加工坊的不是他们；

建小工厂乱排污的更不是他们。

是谁自己道德缺失却反过来教育下一代人说这就是现实呢？

是谁自己跌倒了还要反讹把自己扶起来的年轻人，到底是谁扶不起来？

当然，那些值得尊敬的长辈们，也给90后、00后树立了榜样，让他们不断成长，不忘自我反省。于是我们看到身边大多数的90后、00后，普遍都能够遵守公共秩序良俗习惯，他们会主动让座，会羞于插队，最坏的行为也就是在电梯里按亮所有的楼层。

如果要说说对90后、00后的整体印象，我可以这么说：他们是刚一就业就被延迟退休的一代人；他们是干20年都可能买不起房、结不起婚，却每天努力工作的一代人；他们是吃着各种黑心食品长大，却每天还在茁壮成长的一代人；他们是顶着恶劣的就业环境、自然环境，顶着高高的房价住在北上广出租屋里却没有怨天尤人，每天还在努力追求自己理想、追求自己想要生活的一代人。

如果谁硬要说他们是“垮掉的一代”，那也是被现实压垮的。然而，即使跪着，前方的路他们也会一起走完。

所以，将心比心90后目前所经历的不解和困惑，不正是我们曾经给上一代留下来的印象吗？

直面与90后的破冰问题。这种沟通问题还是有法可解的，只要真诚交流，以下方法可以提供借鉴：

◇ 一、60后大叔，无需强求，你负责权威，找性格外向的下属来替补性格短板。

有一个人力资源经理朋友，招聘下属，就要求一定要性格活跃点的90后。原因就是，作为HR经理，德行要厚重，需要“立威”，太过刻意亲近反而适得其反；另外，因为多少掌握点“利害关系”，别人也不一定敢跟HRM表露自己，讲真性情的话。所以，团队里要优势互补，下属就配活泼、外向、机灵的，可以打入到员工内部，同时帮忙组织活动，烘托良好活动气氛的人选。

◇ 二、要尊重和了解年轻人，真诚交流。

这一代90后年轻人，不缺衣食，物质条件极丰富，在马斯洛需求层次理论的中层，也就是尊重和归属上占比比较多。他们大多没有吃过缺衣少食的苦，可能不会为了生存而委曲求全，有些是为了自身的价值观而进入职场。所以，对于这一代，在了解的基础上，给予平等尊重的管理，还有“企业为家”的归属感，工作内容的成就感，是可行的有效方式。

◇ 三、重视企业文化，打造适宜90后新职场人的企业文化，是企业必须要做的功课。

如果前两条是理念的方面，这一条就跟大家分享下，以往我所在的企业是如何打造“企业文化”软实力的。案例来自某知名软件公司，以前是做财务软件起家，已经发展二十多年，比较成熟。因是技术研发型的企业，尤其需要仰仗年轻人的创造力，企业也在求新求变，尤其是在企业文化方面，花样繁多，创意十足。

有如下创意可供借鉴，仅供参考：

1. 整个集团废除明显的职位称呼，全公司打造“无家长的大家庭”文化。

有些高新技术企业和互联网企业，很早以前就已经全部贯彻实现了上至董事长下至一线员工全部不许称呼职位、头衔，而是以名字或英文名称呼。这样做，契合了一些年轻人的文化，有利于激发创新、主动思维主动作为；同时上下级的沟通更加顺畅，想法和意见可以第一时间传达。

当然，这样的“无家长大家庭”文化，要花一定时间才能沉淀下来，成为习惯，老板或董事长一定要带头。当时我们花了半年时间固化，一旦有人敢称呼职位头衔，被称呼的这个上级是要罚钱的，供参考，可采取更好的方式。

2. 重视企业文化通过活动来传递。组织活动，以90后和企业文化的专业人员为主。

其实这一条也要看你们企业的特性，如果是研发和技术创意创新类的企业，需要充分发挥员工创造能力，就要非常重视通过员工活动来传递企业文化，提升凝聚力。

该企业当时从人大聘请研究企业文化的博士，主导整个集团的企业文化，组织策划活动的人员也以90后为主。因为，90后会了解90后群体的想法与喜好，做出来的活动也才能别出心裁，贴进年轻员工的内心。

当时我所在的子公司，每年也举办大大小小三十场员工活动，同时通过云之家、企业画报、企业周刊、Beerbust系列活动、Space社区、实名员工论坛，“六一”“圣诞”各项活动、运动、爱好协会、知识协会、创新的文化平台等讨论员工工作、生活的方方面面。员工关系融洽，内部氛围有活力。

以至于有一段时间，离职的员工都会说，很喜欢本企业的企业文化，只是别人提供的待遇高太多，为了养家糊口没办法。

这也算是企业文化的成功吧——员工很认可，感觉欢欣愉悦，沟通渠道畅通。

3. 打造创意员工活动形式，只有想不到，没有做不到。

重要前提：一定要最高级别的领导支持，否则，再好的文化创意都无法贯彻实施。例举几个当时的活动展示吧！我印象比较深的一小部分：

（1）某年“三八”妇女节中午下班，下午放假，全集团男高管组成西装男神团，在公司门口为女同胞送一枝玫瑰花，还可以与高管合影拍照留纪念，高管们都很绅士。

（2）每年圣诞节的时候，集团高管代表穿上圣诞老人的衣服给各自负责部门的员工送上感谢卡和代表平安吉祥的苹果。

（3）某年年会活动，把集团倡导的运动形式篮球NBA比赛搬到年会上，还有年会上每个颁奖都以最新、最酷炫的动画形象来展示，以突出员工的英勇付出和英雄般的地位。

（4）最值得一提的是，每年一度在司庆时间段举办的“反省大会”，从下到上，畅所欲言自己的不满，任何方面的意见均可表达，必须针针见血，全员反省，不允许组织发言也不许处罚和针对行为发生。这个效果很好，收集起来的意见都能得到最高等级的重视，并快速改进。这也是整个公司打造沟通渠道最成功的典范。

长江后浪推前浪，一代更比一代强，未来属于我们也属于年轻人，归根结底是属于年轻人的。

90后的员工，有很多优点，以适合的形式去发挥和发掘他们的潜力和实力，是企业管理需要研究的重要课题。打造适合90后员工的活动形式，实现有效破冰；打破常规沟通渠道，激发90后工作积极性；打开新老员工的沟通互动模式，形成企业文化的软实力。

90后终会迎来属于自己的时代，得青年者得市场；得90后的人心，对企业来说势在必行。

第四节
工伤离我们很近，处理好才是真正的考验！

话题：如何处理这些特殊的员工受伤案例？

案例一：张三是A公司的仓储员工，在本周一调休的时候跑来公司仓库和女同事嬉闹，不小心被公司叉车撞伤，是否可以申报工伤，还是由肇事员工负责？

案例二：李四是B公司的一位财务人员，在下班路上遇到了交通事故。由于肇事司机撞人后逃逸，暂时还未找到，李四家属只好来到公司，要求公司负担李四的医药费。然而B公司没有给员工买社保，只买了雇主责任险。请问公司该怎么办？

上述两个特殊的员工受伤案例，可以算工伤么？如果遇到这种情况，企业应该如何处理比较好？

“工伤”相信是大家都不愿意面对的话题，因为事件一旦发生就是不幸，处理起来又比较麻烦。

我有经历过三十出头有两个孩子的男同事检查出“胰腺癌”，还有刚入职没多久的员工查出“白血病”的……前几天看一个前同事的朋友圈，一个一米八的汉子做员工关系经理的，突然去了长春，原因是一个员工出差的时候突发心梗，入院，他去照顾了。后来听他说，在外地住院，医保只能报一部分，工伤材料在准备中。

“工伤”真的离我们很近很近，是时候该学习学习了！

今天就这两个工伤的案例，从法理出发，再到实际处理方式进行分析，希望对你有用。具体的依据实际的事故细节，多咨询公司的法律顾问，这样更保险。

工伤鉴定的法律条文：

依据《工伤保险条例》第十四条规定，应当认定为工伤的法定情形有七种：

(一) 在工作时间和工作场所内，因工作原因受到事故伤害的；

(二) 工作时间前后在工作场所内，从事与工作有关的预备性或者收尾性工作受到事故伤害的；

(三) 在工作时间和工作场所内，因履行工作职责受到暴力等意外伤害的；

(四) 患职业病的；

(五) 因工外出期间，由于工作原因受到伤害或者发生事故下落不明的；

(六) 在上下班途中，受到非本人主要责任的交通事故或者城市轨道交通、客运轮渡、火车事故伤害的；

(七) 法律、行政法规规定应当认定为工伤的其他情形。

其中第（一）条和第（六）条与案例相关。

案例一

工伤鉴定：

理论上来讲不是工伤，因为他在调休期间，虽是工作地点，但不是“工作时间、工作原因”。但看在钱的份上，可尝试按工伤来申报“工伤赔偿”，尽力去申请，申请不到千万不要勉强。有法律责任的也不要强行为之。

关于责任和处罚：公司制度是否有关于不得在办公场所“嬉闹”的相关规定及处罚？先调查下是什么原因引起的事故，不同的责任划分承担的责任和处罚不同。但无外乎有如下责任和处罚可以做。

员工本人扰乱工作秩序，应按制度予以批评、处罚和公示，以儆效尤，自身要承担大部分的责任。肇事的叉车司机存在操作不当，也应依据公司规定进行相应的处罚。公司相关部门的主管领导存在监督不力的情况，没有及时发现并制止此事件，也应负一些管理责任。

关于事件的处理：

1. 对外，视与当地劳动保障部门的关系决定是否可以按工伤进行申报，准备申报材料，尽力申报，不可勉强。员工受伤住院，需要医药费，又是在公司发生的，肇事者和伤者都是公司员工，公司脱不了干系。

住院费用分担：能用工伤赔付就用，能减轻公司的负担，毕竟企业赚钱不易。HR 多为公司和老板着想，亏待不了 HR。工伤赔付不了的，受伤员工、肇事员工及管理人员按责任轻重各承担一部分。经济上的损失可以让他们牢记教训，公司或老板也适当“水果、鲜花”进行关怀和慰问，出一部分钱。不到太大数额，尽量别募捐了，毕竟不是为国为民受伤的，为嬉闹撩妹子争风吃醋这事儿受伤不光彩。

2. 对受伤员工，生命至上，第一时间送至医院，HR及早关怀和慰问，尽量安抚和帮助他解决后顾之忧。

这是给其他员工还有家属看的，毕竟是咱们的“兄弟姐妹”。当然，是非对错要摆正，待受伤员工情况基本稳定，该明确的责任要落实，该处罚就要处罚，如上“关于责任和处罚”所述进行处理。

工伤的申报流程各个地区不同，并且人力资源和社会保障局有明确规定，检索就好，不再赘述。

工伤鉴定：

属于工伤，符合工伤认定中第(六)条。要确定路线无误，还有是在没有非法行为的情况下，属于工伤。

因为是在工作场所之外，下班路上遇车祸，雇主责任险要问保险公司。还好有买一个保险，要不然老板就哭吧！

关于责任：公司应支付员工的医药费，并给予医疗期、病假期间的工资。

关于事件的处理：

1. 公司应该积极帮助员工入院治疗，并承担医药费，给予工伤医疗期，并支付病假期间的工资。

连社保都没有买，真不知道是神马公司，真是“胆子很大啊”。没有社保，就没有工伤保险可以报，老板只有自掏腰包付钱买单了。退一步讲，即使不是因公受伤，也享有法定医疗期，企业职工因患病或非因工负伤，需要停止工作医疗时，根据本人实际参加工作年限和在本单位工作年限，给予3个月到24个月的医疗期。

这事情属于“工伤”，公司先承担医药费，支付医疗期工资，并积极督促公安部门缉拿肇事车辆，等找到肇事车主再找他来赔。同时，HR 要积极谏言，社保是一定要交的，不能太任性了，购买社保是员工的合法权益啊！

2. 发挥 HR 的正能量，员工受伤积极探望，贴心慰问，能帮忙解决的困难多帮一下。

同时，考察员工平时的表现和人缘，可以根据企业内部文化氛围，决定是否发起员工的募捐，当然是自愿哈。体现同事友谊，公司团结的时候到了！

人有旦夕祸福，安全第一，安全才能回到家。加强安全教育，预防胜于"治疗"。同时通过这些案例和最近几年癌症越来越低龄化，白血病也在身边时有发生，人居环境恶化、亚健康人群增多，企业按法规要求买社保是最基本的。我更建议，企业应该为员工多购买一份意外保险，我们公司做的意外保险人均一年150元，成本不高，但是安全了啊，一旦出现类似事故，企业的风险降到最低！

还有遇到员工之间的纠纷或安全事故，建议自行报警处理。HR 是否介入，一定要谨慎，因为 HR 代表公司，一旦涉入就把公司拖进去了。

第五节
HR，你为企业站好最后一班岗

话题：如何看待小蓝单车倒闭，HR 站好公司最后一班岗？

“你有没有发现，路边的小蓝单车越来越少了，不会要退市吧？”前段时间还被评为最好骑、最方便的共享单车——小蓝单车，突然间就轰然倒下，没能熬过这个冬天。

倒下的原因是“资金链断裂”。曾经的辉煌已是黄粱一梦。失败，已经彻头彻尾地啪啪打脸。如今，留给李刚的，则是一堆待偿的债务和一段跌宕起伏的创业经历。

这场倒闭来得猝不及防，2017年1月份还在急速扩张的小蓝单车，一夕之间支离破碎。留下一地鸡毛，最重要的市场部已经解散，员工基本遣散，树倒猢狲散，许多人开始为讨薪奔忙。就连创始人李刚，似乎也把自己解散了：他已经很久没到公司出现，也没人能联系到他。有报道称，“这位80后创业者已经身在国外很久了。”或许他去找贾跃亭谈人生和理想去了吧。

这种情况下，谁来收尾，还有谁留下吗？有的。

HR 留下了，正在努力收拾烂摊子，卖办公家具抵偿公司债务。虽然结局已经无可挽回，但还在尽最后的努力，让公司散得不那么崩溃。

这使我不禁在这个冰冷的季节感到温暖，并且内心深以为豪，不管什么时候、以什么形式曲终人散，HR 总是最后走的那个人。

小蓝单车的这个 HR，无疑是一个值得敬佩的同行，在老板跑路、员工四散的时候，他还在为企业站最后一班岗。

当遭遇变故和困难的时候，HR 以自己的忠诚、敬业和超高的职业素养挑起最后的担子，将职责进行到底；当朝夕相处的员工和伙伴们手足无措、六神无主的时候，HR 挺身而出，成为大家的“主心骨”；在讨薪无望的前提下，HR 不去计较个人得失，本着恪尽职守的职业素养，去收拾残局，并尽可能给其他人安慰。

小蓝单车的一夕倒闭，为所有 HR 敲响一记警钟，因为我们都处在危机之中！试想，在万众创新、大众创业的时代，危机与机遇共存。明天和意外，谁都不知道哪一个会先来。

如果你的企业陷入困境，你是否也能像小蓝单车的这位 HR 一样，做最后一个离开的那个人，你是否具备了处理后续事业的能力呢？

走，是轻松的选择；留下，却是勇气和智慧并存的挑战！ HR 的留下，并不是看上去的树立了光辉正面形象、摆个姿态那么简单的事情，要付出和牺牲太多，要处理和应对的远比想象中的纷繁复杂、压力巨大的。

那么，我们应该如何去应对突如其来的企业倒闭呢？请站岗站到最后一步，把收尾的工作做得漂亮！

有关劳动补偿的法律条款，我说下我的想法。

1. 组织必要部门的人手进行收尾工作。

诸如人事、行政、财务、法务部门需要最后走，要沟通说服以安抚他们留下来帮忙，有计划、有分工、有条不紊地进行收尾工作。收尾工作包括资产盘点、转卖、公司账目封存、资料封存、债务纠纷的整理、人员安置、营业执照注销。

2. 资产处理。

办公地点可能会被回收，需尽快做好资产清点，能变现就变现，处理固定资产，并登记造册。回收的资金充进公共账户，用于债务处理和补偿员工。

3. 安抚员工，进行解约谈判及赔偿事宜。

倒闭以后，别人可以一走了之，但是HR需要做解约谈判了，这是对公司最后的负责，也是你唯一能为员工争取最后一点权益的机会。需要尽可能付清拖欠的员工工资，并支付N+0的解约赔偿金。HR要做的就是汇总员工信息及工资信息，按照偿付法则，员工可以优先受偿。按比例进行支付。当然，因是破产，有可能不会有充足的工资、赔偿金，那就得依靠当地政府部门的帮助了。

4. 如无法支付或者尚有欠薪，可尽快联系当地的劳动保障部门共同处理。

我了解的信息是，为了保持社会稳定，劳动保障部门有义务提前垫付拖欠的工资。在此环节里面，需要HR帮员工争取最后的利益。如果不能及时偿付，也请保留好员工的薪资信息及拖欠的明细，提供给当地劳动法律部门留底。

5. 站好最后一班岗，发挥专业能力，做好人员的安置及再就业。

曲终人散，请善始善终为员工办理好离职手续及档案交接、公共户口转出。也可以为员工开推荐信，出一份力尽一份心，让员工以后的路不因为离职环节处理不当而受到影响。再者，作为HR，希望你收起自己悲伤的心情，积极主动地帮助员工早日实现再就业，比如做一场求职面试的培训，做好求职辅导，甚至联系就业保障机构提供就业服务。这是我们最好的祝福，祝福他们以后的路走得更好。

6. 给自己开最后一张离职证明，调整心态，再次出发。

雄关漫道真如铁，而今迈步从头越。心里装着所有人的HR，请不要忘记你自己。企业倒闭不是你的错，你只是运气不好，坚守到最后，你已经非常棒了，给自己一个大大的拥抱和鼓励。不要负累太多，重整旗鼓，整理简历，踏上重新找工作的漫漫征途，相信你的敬业和职业操守能让你去更好的地方。

危难之下看清职业素养。但企业倒闭，员工流离失所，职业生涯被迫中断，毕竟是件悲剧。

前事不忘后事之师，以史为鉴可以明得失。科技和市场经济发展太快，企业生死存亡可能在一念之间，互联网和共享经济时代，疯狂的背后的乱像，值得我们反思的事情很多很多，值得我们去吸取经验和教训以滋养活着的企业。

皮之不存，毛将焉附HR，如何自处？职场是个战场，新的时代背景下做HR并不轻松，不是风花雪月的闲差事，没有那么多的岁月静好，我们身处其中，也将与企业共生共荣；我们是老板和业务部门的重要参谋和战略合作伙伴，所以请忠于你的企业，并为之拼尽全力地去努力。

在我们有能力付出的时候，付出自己的知识、智慧和经验，去支持企业的经营和发展。让它发展得更好，这样，可能我们可以避免类似小蓝单车的悲剧发生。

HR 不止要站好最后一班岗，还要在可以发挥自身价值的每一天，站好每一班岗。

不为别的，就为了我们是 HR 啊，这是一群职业素养多么高的人！他们有自己的忠贞，忠于企业忠于这份职责。

路漫漫其修远兮，吾将上下而求索！

第六节

当违法用工的刀子挥向 HR，该如何面对？

话题：老东家劝退我，HR 是否应该选择仲裁？

一家小公司的人事专员，公司违法地方较多，比如工作满一年才签订劳动合同并缴纳社会保险，每天工作超八个小时且没有加班费等。如今年末公司想无偿劝退她，她决定利用自己所学知识向公司提出赔偿。请问，HR 作为公司人事工作的具体操作者，如果因为公司问题提出仲裁，法院会支持么？另外，状告公司后，也怕寻找下份工作时会受到歧视，特别是在背调时，原东家肯定会故意贬低抹黑，所以，不知如何选择。

HR 面对不法公司是否应该选择仲裁呢？

听了这个事情，我不禁心寒。能理解你的心情，为企业劳心劳力，工作中的不如意通通忍了，快到过年了，想不到公司连自己都要对付，想必心中是五味杂陈，内心惶然不安。遇到这种事情，想是谁都不想的，但是遇到了就坦然面对吧，人生的路长长的，但凡是遇到磨难，必是磨砺。

当违法用工的刀子磨刀霍霍地挥向HR人力资源工作者时，我们该何去何从？

有些人可能会说要先检查下自身有没有问题，建议人事专员不要追究，算了吧，吃一堑长一智，出了狼窝，下次谨慎点不要再入狼窝。

说实话，我不这样认为，我不赞成委曲求全，委屈只能换来更委屈，求不得全。对这种面对违法用工、违法解除，还要建议屈服、委屈苦主的建议非常不赞成。遇到事情应该先就事论事查找原因，这没有毛病。但是，明确是非曲直后，法律和正义都站在了自己这一方，却为了担心自己被恶公司讨厌，担心惹事上身，担心被说坏话而放弃维权，让正义一次又一次地迟到，让违法公司继续违法，让违规行为继续存在，让更多的劳动者受这种恶公司坑害。是可忍孰不可忍，作为人力资源从业者，我们的节操和底线呢？

这个事情很明显，该题主所在的公司问题很大，存在严重的非法用工问题——“工作满一年签订劳动合同并缴纳社会保险，每天工作超八个小时且没有加班费等”，再加上公司意欲“无偿劝退”。该人事专员找的问题也很准，已经显示出自己的专业水平，按法律规则，可以说只要证据充分、证据充分、证据充分，重要的事情说三遍！法律讲的是证据！拿起法律武器，以我多年处理劳资纠纷的经验，这场官司员工稳赢！

具体的主张数额要看苦主的入职时间、工资数目、考勤情况、公司相关制度，是可以算出来的。主要主张参考如下：

1. 超过一个月没有签订劳动合同，可主张在职期间双倍工资赔偿。

2. 入职后没有缴纳社保、公积金的，一旦诉讼是支持补缴并处罚企业的。

3. 每天工作超过8小时，如是公司要求加班并能提供加班的考勤记录，合理的加班费要求也能得到法律的支持。

4. 关于无偿劝退，企业未必能赢 HR。这次对象可不是一般的员工，我们是 HR 啊！别软弱，只要你咬死不屈服，拿到补偿是正当名分的事情。

操作重点，这里要重点要提示，胆大心细，好的结局可以有，但是过程很复杂操作也很精细，你要体现的专业性都在这里，要谨小慎微。

5. 第一时间搜集、保留尽可能多的证据。

给你的时间不会太多，可能当天你的工号、邮箱、门禁会被注销，甚至电脑主机都会被强制搬走。收到欲被辞退风险的苗头，从第一次谈判开始，第一时间越早越好把工卡复印、考勤明细导出、工资单、公司发布的辞退通知，以上包含文字、图片、语音均可成为证据。还有辞退处理过程中公司暴露给你的所有相关细节都要保存在安全的地方，如 U 盘或纸档。搜集好能搜集的证据链条，就是能支持上面诉求的所有能呈现的资料、记录，哪怕是语音都行。

6. 有个重点，如果公司要劝退你，无论如何，让他们出具纸质的“辞退通知书”并加盖公章，这个非常重要。

曾经处理过一个辞退，对方无法提供公司开除他的证明，公司反咬说他旷工的劳资纠纷结果公司赢了。有了这个“辞退通知书”，后面要求辞退赔偿顺理成章。若不是你在罪与恶的环境里，我不想教你诈。

7. 如证据完整，有理有据，可以令企业屈服不战而胜，此乃上计！

上兵伐谋，不战而屈人之兵，此乃上上策。你的证据占优势，又能在气势上压倒对方，边诉讼边谈，沟通和解的门可以大方敞开。能开公司的人都不傻，企业会找专业律师打听的，权衡利弊，你又占据主动，《劳动法》为你撑腰，企业一看必输无疑，会跟你好好谈，毕竟企业也不想对簿公堂，多一项“不法记录”。这样可能在开庭诉讼的漫长维权之前，快速实现自己的主张，保护自身权益，好聚好散，大家都安心过年。

8. 劳动纠纷诉讼，费用成本极低，时间成本很高。

有人劝和说请律师成本是个问题，这明显是不熟悉劳动官司的人，有法律援助律师的，免费。比如在深圳，这里有健全的法律援助系统，劳动官司也可以找政府的法律援助，他们免费帮你准备诉讼材料，并与企业交涉帮你争取利益，保护劳动者权益。而打官司的成本，由败诉的那一方承担，甚至如果你有请优秀律师的律师费也可以主张由企业承担。但是，时间成本很高，等待时间久，要有心理准备。

9. 清楚流程，进对衙门。

劳动纠纷，要由低级单位向高级单位申诉，也就是先街道办的劳动站调解、区劳动站调解，调解不成功，就由所管辖的地方仲裁机构仲裁，再就是更高级的法院。还有诉讼时效的问题，大概是一年内有效；还有一审后的上诉时限等专业问题。

10. 打通人脉，第三方介入，可以借力打力。

当在企业内部与企业交涉没有好的结果，被迫解除了劳动关系后，不再建议苦主去委曲求全地直接与企业谈，不会有好的效果。如果自己去和企业直接谈判，难免势单力薄，气势上未必有优势，还会直接产生冲突，无胜算且不安全。不如借助管辖劳资纠纷的这些劳动站、仲裁机构、律师帮你去交涉，更有威慑力，给企业形成压力，责令整改。

让他们正视这件事情的严重性，让他们求你。有权威机构帮自己争取，更有利于化被动为主动，争取自己的合理诉求，当企业来找你协商解决的时候，你的尊严和权益都在自己手里而不是靠别人施舍。

11. 协商之门，请永远敞开。

就像自己做辞退那样，任何时候，事不可做绝，凡事留一线，日后好见面。可以边打官司边谈，有理有据地谈，不亢不卑地谈，优雅地谈，不失体面地谈。

只要求得对自己、对事不亏欠，达到目的就胜利了，就够了。教训到位了就可以了，给企业留条路，也是一种相互成就。

当然在诉讼过程中情况复杂，需具体问题具体分析，以上，仅供参考。

小的时候，父母常教育我们，要“乖”，不要惹事，凡事忍耐顺从，这样就真的好吗？另外，难道惹事的孩子就一定是坏孩子吗？被欺负了就得忍着吗？

现实世界里，如何平衡道和义，如何去平衡职业操守和自己的利益。

身为 HR，该如何自处？勇敢面对，不再沉默！公道自在人心，凡事讲个公道！天道好轮回，苍天饶过谁？

士为知己者死，企业倒闭，我们可以向小蓝单车的 HR 那样，无偿地站到最后，去尽职尽责。但是盗亦有道，当我们尽到本分，企业却要鸟尽弓藏，过河拆桥，即使你委曲求全、退让、放弃所有合理权益，你被“无偿辞退”，企业会感念你的善良吗？不会的，他们会耻笑你的无能，甚至肆无忌惮地践踏你曾经存在的那些价值，一丝尊严和怜悯都不会有。

真的勇士，敢于直面惨淡的人生，正视淋漓的鲜血，挫断足筋也要从伤痛中爬起来继续前行。就该用行动告诉他们，身为人力资源工作者是一种怎样的存在！

我认为，一个合格的人力资源从业者，一个有前途的人力资源从业者，一个有成功潜质的人力资源从业者，一定不能是懦弱怕事的人，而应该有自己的原则和底线，外圆内方。我们的专业，不仅可以为企业的运营保驾护航，还能在企业背信弃义时反戈一击，保护自己的利益。

关于担心对以后找工作的背景调查造成影响问题，不需过多担忧。你没有惹事生非，是被逼无奈之举，也是企业先击穿了底线，才不得不反抗。这并不可耻，你做的于人于事都算圆满，不亏欠，还彰显了专业。

合法的企业肯定比不合法的企业多，相信你也不会再想进违法用工的企业。对正规公司来说，前企业违法是个可以接受的离职理由，背景调查也无需惧怕。

你只是在法律底线上，维护了自己的合法权益，你没做错！身为 HR，我们也是员工，也受《劳动法》保护！

请坚信，在这件事情上你没有做错，你坦然地做自己觉得正确、法律也公认正确、连吃瓜群众都认为正确的事情，何惧之有。公道自在人心，你的背景不会被颠倒黑白，你的专业素质得到一次验证，不惧人言，在职场上证明自己的机会还有很多。

能保护好自己的人，在职场才有更多的可能性。

第七节

精神病员工，何处安放人生？

话题：企业如何对待有“特殊疾病”的员工？

公司有一个员工，平时各方面表现都还不错，但是入职一段时间后确诊为精神病。领导觉得这样的人在公司存在风险，而且公司员工入职信息登记表中注明了没有重大疾病，所以领导想以入职信息不实为由辞退该员工，并让HR来负责处理这件事情。HR在网上也查了一些资料，感觉精神病种类较多，而且也分为法律上和医学上的，越查越糊涂。

对于入职后确诊为精神病的员工可以辞退么？如何辞退？对于在职的“特殊疾病”员工有哪些特殊的管理规定呢？

据中国疾控中心精神卫生中心2017年初提供的数据，我国各类精神障碍患者人数在1亿人以上，但公众对精神障碍的知晓率不足五成，就诊率更低。精神障碍在我国疾病总负担中已排名首位，约占中国疾病总负担的20%。关于精神病人伤害人或者被伤害的报道也是屡屡出现，也有人说他们是“一群可怜人”。不管你用什么眼光来看待这个问题，这个被边缘化的社会群体已是让人避无可避。精神病人们，该如何安放人生呢？

【故事一】

热播电视剧《欢乐颂》里面的女主角安迪，她是纽约归国的高级商业精英，投资公司高管，还有神秘的精神病家族史。安迪的工作能力超强，她为她的老板贡献着巨大的利润，在害怕自己疯掉的恐惧和担忧之下，她用自己的工作来寄托精神。他的老板老谭没有草木皆兵、错失商业天才，而是像朋友一样关心她、鼓励她、帮助她、信任她，所以观众喜欢老谭这个暖男老板。有工作有老谭，安迪是幸运的！

你的老板能不能有所触动？

【故事二】

上周有教授推荐我们去看《美丽心灵》这部电影，也希望大家有空看看，它得了奥斯卡最佳影片等多项大奖，可以帮助我们理解与尊重患有精神疾病的人。

电影讲的是诺贝尔经济学奖得主、数学教授约翰·纳什，他是当今最著名的几个疯子之一，他提出的“纳什均衡”的博弈理论就是被世人津津乐道的“囚徒困境博弈”。约翰·纳什共入过两次精神病院。精神病是有遗传的，他的儿子也是精神病。

在一篇读后感里有这样一句让我感动的话：“若论普林斯顿这所大学对纳什教授的康复有何功劳，那就是它固有的包容和自由拒绝把疯子送进愚人船。疯子们像鬼魂一样地游荡在校园里，而人们仍然尊重体谅。他们自由进出公共图书馆，发病时喊出骇人的响声，却还有人告诉你，‘别打扰他，这个疯子是维基百科的编辑’。”疯子也可能是天才，我们的社会有没有给这些人包容自由的环境呢？

“左手天才，右手疯子”，疯子与天才有时只有一线之隔。精神病人的世界有与世俗不一样的价值观、世界观。

通常情况我们提的精神病可能只是心理疾病或心理障碍，题主公司的员工是哪种情况需要补充详细诊断资料。

心理咨询师会把精神疾病分为三类：心理问题或心理障碍，心理疾病，精神病，表示病情由轻到重。

心理障碍与精神疾病是有区别的：心理障碍往往知道自己的心理或情绪出现了问题，一般会主动积极地求治；而精神疾病，神经症患者往往没有自知力，自己意识不到自己精神出现问题，一般不会主动求治。

另外，心理问题、心理障碍可以由心理咨询师治疗；而精神病，类似安迪弟弟、纳什还有他的儿子多数是由遗传基因造成的，由精神科大夫负责治疗，不在心理咨询师治疗范围。心理咨询师一般不会用到药物，精神科大夫可以用药。

回到这个的话题，就事论事地分析。

关于这种“特殊员工”的法律条文：职工患精神病，应按照劳动部《企业职工患病或非因工负伤医疗期规定》。对于患精神病职工先给予医疗期，如果病情严重，医疗期应适当延长。医疗期满后，应当进行劳动能力鉴定，被鉴定为一至四级的，应当退出劳动岗位，终止劳动关系，按照国家有关规定办理退休或退职手续。被鉴定为五至十级的，医疗期内不得解除劳动合同。

此外，《劳动保障部关于实行劳动合同制度若干问题的通知》中规定：对已经患有精神病但病情得到控制的职工，用人单位应当安排适当工作，签订劳动合同；对病情严重不能控制的，应当送医院治疗。医疗终结后，按照国家有关规定办理退休或退职手续。

所以，HR 应该准确掌握员工的诊断结果，由专业的精神诊断机构出具，再做判断。而判断的重要依据是“岗位胜任能力”而不是猜测或预测。

辞不辞退的依据应该是员工目前的症状是否还能胜任目前的岗位，能否正常完成目前的工作任务和岗位职责。如果不行，是否还有合适的岗位调岗。

希望在条件允许的情况下，企业能以一颗仁厚之心，像老谭那样接纳和保护这些“特殊群体”，毕竟这个员工“平时各方面表现都还不错”。

如果确实是精神病，并且被证明不适合目前的岗位，亦无岗位可供调岗时可以进行辞退。那么 HR 招聘他入职的那个时间就非常重要。辞退的方法如下：

1. 如果在试用期内，可以很方便地以“不胜任岗位”为由进行解聘。

我国《劳动合同法》第三十九条有明确规定，即劳动者在试用期间被证明不符合录用条件的，用人单位可以解除劳动合同。再加上在入职信息登记表上有隐瞒“重大疾病”，企业可以据此不需要进行经济赔偿也可以解除劳动关系。

试用期内对新员工多加观察，多留意，多关心，非常重要。

2. 如果已经过了试用期，那就得按照法定要求，给予医疗期，医疗期满后能胜任一些岗位也不能因病辞退；医疗期满后依然不能胜任工作岗位，可以按照 N+1的赔偿标准进行辞退。

当然也可以随时进行协商解除，双方你情我愿就好。

企业职工患病或非因工负伤医疗期规定：

第二条 医疗期是指企业职工因患病，或非因工负伤停止工作治病休息不得解除劳动合同的时限。

第三条 企业职工因患病或非因工负伤，需要停止工作医疗时，根据本人实际参加工作年限和在本单位工作年限，给予三个月到二十四个月的医疗期：

（一）实际工作年限十年以下的，在本单位工作年限五年以下的为三个月；五年以上的为六个月。

（二）实际工作年限十年以上的，在本单位工作年限五年以下的为六个月；五年以上十年以下的为九个月；十年以上十五年以下的为十二个月；十五年以上二十年以下的为十八个月；二十年以上的为二十四个月。

医疗期内的工资标准依据当地政府和企业内部制度决定。

HR 做事除了要合法以外，合情合理，有人情味也很重要。

在处理过程中要参考专业的精神科医疗机构的鉴定和专业意见，还要注意保护员工的感受，避免二次伤害，处理的过程中充分尊重员工，不可流露出同情或鄙视，并多与他的家人保持充分沟通和联系，澄清利弊得失——身体是最重要的，暂时离开繁重的工作，早日接受治疗，等恢复健康了，日子还长，生活还长。

人心都是肉长的，你将心比心，真诚地关心他，别人也会感恩和领情。在情绪一片和谐的情况下再谈企业能给予的赔偿，在法定补偿范围内进行协商。能补偿点就补点吧，毕竟人走到这份上也是很悲剧的。精神疾病的治疗费用非常昂贵，而且员工以前表现还不错，做点善事吧，看老板的胸怀和格局了。

这种特殊人员的辞退万不可使用拖延战术，夜长梦多。果断干脆，好聚好散，必要时破财免灾，想开点。

从用工的角度来解决这个事情并不难，关于赔偿标准可以咨询公司律师，我更希望在处理过程中多一些的人文关怀。

现代社会有各种压力，社会节奏也很快，而虚拟社交取代了相当一部分的真实社交，人的孤独感空前严重，人们出现各种心理问题的机率也比以前多很多。一般的心理问题是正常的情绪反馈，就像是心灵的感冒那样，并不妨碍人们日常的生活和工作，适当疏导就好。

精神类型的疾病，有重有轻，种类也很多，情况各异，要听从专业心理咨询师或精神科医师的判断，分清症状，不能一竿子打翻一船人。当然，小心谨慎也是应该有的，毕竟谁也不希望自己办公室每天杵一个不定时炸弹，冷不丁地挥刀砍人吧。

需要说明，心理问题、心理障碍，是能工作的，伤己不伤人，在心理咨询师的治疗下能恢复。

而精神病、神经症患者的行为不能自控，所作所为不自知，比如路上乱砍人、行为癫狂，疯子之类的就属于精神病。神经症，按人格障碍和精神分裂程度来诊断，有伤人可能的，不能留在公司，会危害其他同事的安全。HR 不要拿自己和同事的生命安危冒这种风险。

当前社会里的男男女女们有点强迫症、狂躁症、抑郁症的人很常见，这种可能远没有到精神病的程度，不能有点心理问题就不让上班了吧。

企业要分清情况、适应新的社会状况，及早准备应对措施才是。职场人心理问题高发已经不容忽视，不要等到不可挽回再想着亡羊补牢。

比较好的一个趋势是，国家和社会对心理问题越来越重视。卫生规划要求员工总人数在1000人以上的企业应配备合格的心理咨询专业人员。

还有 EAP，即员工帮助计划，是专业心理咨询机构提供给企业员工的心理咨询服务，世界500强中，有90%以上建立了 EAP。美国有将近四分之一企业的员工享受 EAP 服务。企业现在也可以很方便地像请法律顾问那样聘请心理咨询顾问。

EAP 是企业组织为员工提供的系统的、长期的援助与福利项目，是企业用于管理和解决员工个人问题，从而提高员工与企业绩效的有效机制。

许多的精神病人都有着这样的人生轨迹：家人辛苦照顾却无法支付高昂的医疗费，甚至于被病人“折磨”得失去耐心而放弃；流浪在街头，被歧视、被伤害，却被救助站拒之门外……而一部《精神卫生法》立了二十多年了，还是立不起来，社会也对他们避之不及。精神病人本就悲剧的人生，何时才不再无处安放？

后记

各位亲爱的读者朋友：

当你看到这里，我们的缘分就已经形成了。本书已完结，我却依依不舍！感恩大家支持！在书的末尾，我还想借此机会，再与大家交流下写书出书的心路历程和表达感谢之情。

想知道我为什么要写这本书吗？

历经十年的职场生涯以后，我的生活、工作都已进入平稳期，平静之余，我渴望一些突破，想把自己在专业领域的所学所用所悟，用文字沉淀下来，精炼提纯萃取，分享给需要的人，分享给在成长路上会遇到同样困惑的人。就这样在网络上陆陆续续写了二十多万字，也积攒了一些名气以后，出版社向我投来了“橄榄枝”。

写这本书，还有一个重要原因是因为自己曾走遍偌大的图书市场，找不到既有专业度又有可读性，还通俗易懂有实操落地指导性的人力资源方面的书，尤其是没有一本有亲身经历又温和细腻适合放在枕边时时翻看的职场指导书。

另外，也是在生活中，常常有职场上的朋友问我有没有合适的书，推荐给他们，指点职场迷津助力个人发展；

经常有企业经营管理者问我有没有合适的书，推荐给他们，学习和了解人力资源管理知识和用人过程的解决方案；

时常有亲戚朋友问我有没有合适的书，推荐给他们孩子或自己，帮助他们指导职业生涯规划、求职和晋升发展……

每当这个时候，我总是很无助，也给不了他们好的建议。但是，从这本书出版以后，我终于可以解决这个难题了！

这是一本我个人经过十年人力资源工作的洗礼，历时两年倾心写作和出版筹划，历经好几个春夏秋冬，几百个的无眠之夜，无数个分分秒秒，将记忆和思考的珍珠串联而成的第一本个人作品.

过程虽然艰苦，但始终有这样一个创作的时空，能让我沉浸在忘我的“心流状态”，还是挺享受的！虽然孤独，但是充实快乐。

整体写作的过程虽然辛苦，却是很开心的，因为文章是写一篇发一篇，这里的每一篇都曾得到读者的反馈。书中收录的大部分文章都是曾经点击量五万到十万的“小爆款文”，也是受到行业内读者大量点赞的文章。可以说从第一篇到最后一篇，均是匠心呈现、精雕细琢的诚意之作。

如今拙作也见完尊敬的读者朋友了。

我很想知道，那些我曾经的所思所想所悟是否有哪一点曾经触动过你呢？

那些我走过的路、看过的风景是否也有陪伴你一程，给过你力量和信心？

那些职场和人生旅程里，我留下的指路标记是否有为你拨开迷雾指引方向呢？

我即期盼得到大家的反馈，也紧张于大家的反馈，不知道如何是好了。

虽然这本书也未必是天衣无缝、完美无缺的，也会有局限和漏洞，每个读者都会有自己看法和评价。我唯有以敬畏之心、平常之心，竭尽所能的奉献我的一份真心和诚意。

我希望能通过文字，传递一份正能量和对未来的美好愿景，送出我对职场奋斗的朋友们我的一份祝福！

这本书在成书过程中，出版社的康总、主编责编都尽职尽责费心费力，感谢他们对我的信任。还有，我特别开心的是这本书还未正式出版以前，几乎惊动了大半人力资源行业的知名服务商和半个人力资源圈的大咖们为了纷纷写“推荐”，还给了我许多的褒奖和鼓励，谢谢他们。还有我曾服务还有正在服务的公司领导的真情推荐，也非常感谢。

人的一生，总要留下一些痕迹，这本书会是我前半生给自己的一个小标签，以纪念我职业生涯的第一个十年。

人生的路还很漫长，我仍然会坚持自己的初心和匠心，做最好的自己，做自己最希望成为的那个人！

认真工作和生活，体会每个人生阶段的体验，也希望这一路与大家继续相伴！

一个五年，我有酒，我等着你的故事……

推·荐·语

这是一本了不起的书！行文流畅、实用性强、内容丰富、重点突出！本书从 HR 职业生涯规划切入，通过对职业成长与工作技巧的分享回顾，涵盖招聘、培训、绩效、薪酬、员工关系、企业文化、还有心理学的内容，最终回归初心，实现最初的理想。我个人认为，只要听从作者的建议，一定会给你的职业生涯带来巨大的积极影响。

——曹锋 《天天向上，老 HRD 手把手教你做好人力资源》作者

如果你想跨入人力资源管理这个行业，这本书可以让你对 HR 职业生涯有良好的前瞻性；如果你已在 HR 的岗位上欲寻求突破，这本书恰好可以为你答疑解惑，指点迷津；如果你已经是一个成熟的 HR 老兵，这本书可以让你有许多共鸣，再次激发内心的斗志，砥砺前行。本人作为一个十多年人力资源从业者，对笔者以匠心，致初心的态度所感动。相信此书可以帮助更多 HR 伙伴在各自的企业和领域发挥更大的价值，最终实现以人为本，创造未来！

——徐伟 猎聘网深圳分公司总经理

这本书里有很多值得回味的精彩片断和击中灵魂的感悟。作者既告诉我们如何用理性的一面去分析职业目标，定位职业发展方向，分享了人力资源管理的一些必备技能，让我们受益匪浅。同时又用感性的一面记录了她多年来的心历路程和职场感悟。我从这本书中读出了坚持不懈的努力，尽情享受生活和自由的酣畅，不忘初心的淡然超脱。这本书能帮助到很多正在职场上努力打拼的人，因为我们也同样期待着5年之后内心富足的自己。

——张亮　前程无忧深圳区域经理

本书将人力资源理论知识与实践操作技巧，还有职业生涯发展规划的方方面面，以理性的逻辑思维和感性有温度的语言娓娓道来，干货满满，内容丰富，诚意十足，有情有感有温度。这是一本值得夜深人静的时候，反复品味、时时珍藏的职场诚意之作。读之、悟之必能为你的职业发展和个人成长带来许多的启发和指引。

——任康磊　曾任世界500强和大型上市公司HRD《人力资源管理实操从入门到精通》《人力资源总监管理手册：那些教材上不会告诉你的实战方法》作者

婷婷是一位非常有魅力的女性，第一次接触就被她的专业、自信和明媚的笑容所吸引，更多的交流中就会被她感性加理性完美结合的状态所感染。看这本书跟与作者面对面交流一般，结合多年对职场、对行业、对业务的深刻认知，用生动的例子倾心为HR们绘制出一本职场“红宝书”，从初出茅庐的新手小白到打拼多年遇到职业天花板等尴尬处境的老司机，都会找到对应的道与术，既有工作技能的巧思又有长远规划的卓见，值得充分学习和体会。

——王灵玲 智联招聘华南区大客户执行总监

没有说教，不是填鸭，这是一本能够和作者“面对面”交流的书。作者倾心将自己多年的职场经验、工作技巧、心路历程娓娓道来，带来心灵和工作的滋养，值得好好反复体味。

——李江华（HR哥）楚源华创人力资源管理学院创始人、《世界500强人力资源总监如何炼成的》作者这本 HR 的枕边书来自一线的人力资源经理，发自肺腑，带着职场的善意和温暖的态度，让我们感受到了一个积极进取，乐观开朗，善思考能总结的 HR 形象。阅读本书，可以从中吸取的不仅仅是知识和方法，更是职场态度与生活方式。

——赵日磊 实战绩效专家《绩效魔方》作者

本书内容务实接地气，写法却很文艺，看书中的故事，做更好的自己。适合所有职场人士细细琢磨，用心品味，必有一番不小的收获。

—— 涂熙 《转行做 HR 的必修课》作者

作者在书里说，每一个拼命努力的姑娘，都值得被岁月温柔相待；我要说，对每一个拼命努力的HR，这本书都不容错过！惊叹于作者的无保留，把很多HR工作中的雷区、难点一一点破化解。作者把自己的职业生涯的得失过往打碎、分离、提纯、浓缩，三言两语，醍醐灌顶，用举重若轻的姿态化解一个个难题，这背后是实践的深刻历练和宝贵沉淀。不论是章节开头的话题，还是小节之后的几行短句，都让人感受到满满的诚意和暖意。

——于思博 时代光华首席内容官

人力资源管理是一门专业的学问，但凡专业必出匠人，本书作者就是一位对人力资源有着持续热爱、充满激情的人力资源匠人。本书如小姐姐般的细心、耐心地分享一路成长的心路历程，有走过的弯路，有成功的经验，如同时间玫瑰，让我们看到每个阶段盛开的价值。希望正在阅读此书的你们，能感受到作者的初心，能成就自己的匠心。

—— 万成波 华讯方舟集团人力资源中心总监

这是一本集专业性、实操性和可读性于一体的书，细加品读却可以体会到作者一路成长的心路历程。本书将专业知识与作者所坚持的务实自律风格融为一体，无论从专业学习还是个人成长方面都可以为读者提供一定的借鉴。

——邹善童　畅销书《薪酬体系设计实操从新手到高手》作者

有理想、够自信、有行动力，收获成功和胜利，正如我熟识的天涯 MM，她外表温柔大方、内心坚定执着。本书有丰富的专业知识和实操案例，毫无保留的倾囊分享，文笔真诚。如果你是正在职场路上奋力前行的人，无论阶层，均值得拜读。

——赵男　关注点企业管理顾问（深圳）有限公司总经理、三茅专栏作家这本书案例非常丰富，作者的行文功底也非常优秀，很多工作技巧和心得体会都是她的亲身实践，我觉得非常适合想要踏入人力资源这个职业并渴望快速成长的人群，也很适合在职能岗位职场拼搏迷茫不知前路的职场人士品读。

——刘仕祥《人力资源管理从新手到高手》作者

这本职场 HR 枕边书要精读三遍以上，才能够体会她的初心和匠心。

婷婷很美，我想这是她多年职场历练内外兼修而成；本书很值，读之如跟一位知性美女娓娓交流中品味甘饴。本书有能量，却不鸡汤，味道刚刚好，因为婷婷说，多读书，认真生活工作，锻炼身体，过一个自己能选择的人生，做一个内心富足幸福的人。够专业又浪漫，既现实又有诗和远方，本书值得每一个职场打拼的人细细品味。

——田之富　香港第一胜任力咨询创始人、组织发展 OD 和教练领域专家这本书打开后眼前一亮，立即被吸引住了。我认为它解决了一个困扰已久的问题——HR 的从业者学了满腹经纶，却无法落地的尴尬。这本书优在深入浅出，以一个个的实际的问题作为引申、讨论和给出可落地的解决方案，实操性、指导性极强。即使对于如我这样十五年经验以上的职业 HR 来说，都具有很高的学习价值。

—— 陈昌锦 香港现代教育集团人力资源总监兼 COE 专家

关注员工心理健康，不仅仅是关注员工本身，还包括员工的家人和孩子，对员工进行精神疾病筛查，已成为 HR 工作中不可或缺的一部分工作内容，本书关注的 EAP 应用模块和心理学对 HR 职业生涯的帮助，会给 HR 提供具体方向和启发。

—— 郭弘星 中国首部心理纪录电影《坝拦桥》导演

成功的职场人具有一种共性——有清晰的职业规划，一路实现的目标总是围绕职业主线在夯实自己，或曲折、或直达，但一路向前，从不停辍。

通过作者多年实践的总结、升华，本书将带领你轻松规划职场人生，有效提升人力资源管理技能，让你的职场未来不再是梦。

——刘世东 央企专用车公司 HRD、三茅人资网专栏作家、百度文库认证专家

这是一本可读性很强的书，既有很多典型的场景，又充满职场常见的冲突，引人沉思。作者用朴素的语言和亲身经历，娓娓道来，一定能引发你对未来的思考，值得一读。

——侯熙儒 知名培训师、三茅人力资源网专栏作家

一个工作在第一线的人力资源经理，写了一本涵盖了HR各个工作模块的人力资源职场笔记，极具实用价值和借鉴意义。相信本书对HR的日常工作和职业发展都大有裨益，值得作为HR的您认真读一读。

——冼武杰　律师事务所合伙人、兼职劳动仲裁员、人社厅专家库成员

这是一部集颜值、才华、能力、魅力、魄力于一体的HR职场丽人的蜕变心得；有故事、有内容、有干货；涉及个人成长，HR六大模块，值得许多HR和职场奋斗的朋友拥有！

——“迷茫大叔”瓮春春　百习而见HR商学院院长、影端教育科技有限公司CEO

如果你是HR小白，恭喜你，这本书会让你看到用匠心渲染的HR是如何选育用留，先做人，再做事；

如果你是HR达人，同样也恭喜你，这本书会让你重温回忆里的HR之路，是怎样灿若莲花，是从理论到实践，在最美好的时光里这样的分享与大家的共勉；如果你不是HR且对HR感兴趣，同样也祝贺你，你能从这本书中找到一名从业多年的女性HR从普通到学霸亦或是到学神之路的规律。酸甜苦辣咸调出的百味HR生活，东西南北中划出多彩的HR之路。

——罗书明 泉州师院体育学院兼职副教授、福建匹克集团有限公司绩效薪酬经理

这是一本HR的工作指引，更是一本职业生涯与人生规划的指导书。爱拼才会赢！本书的作者现身说法，以丰富的案例打造了一本职场宝典，让本书成为专业HR和职场新人必备的枕边秘籍，值得收藏和反复阅读。

——刘丹 梦派集团董事长、康佳集团前总裁

本书系作者多年来对人力资源的深度思考，萃取其宝贵的职场经验和心得，体现的是务实、实用功能，看过以后有助汲取能力，在崎岖险峻的职场之路上，越过大坑，趟过深水，走过危桥，摘取丰厚成果。这是一本适合职场人士在轻松入门，快速上手的工具书。

——沙燕飞《人力资源》杂志撰稿人、江苏省技术能手、劳资关系法律顾问、职工维权咨询首席专家

这是一本扎实可读性极强的书，教会你职场行走的秘诀，虽有坎坷却总能化险为夷；这是一本有趣的书，通过实践告诉我们，HR本应有一个有趣的灵魂。它适合职场小白，不至于懵懂乱撞；也适合职场老手的你我。这里的谁，不就是那谁吗？

——瞿淑省 隆基泰和人力行政部经理

笑看职场风云，不动声色就能把难题解决的都是高手，成为高手需要理论与实践兼备的实力和智慧。作者明明可以靠颜值非要靠才华！这是一本好看、好用的人力资源经理写的的职场攻略。永远不要限制自己的努力，很多时候，你本可以！放大格局去看你的事业，你会发现最宝贵的依然是你对工作的态度。这本书把 HR 的各个模块的工作实操攻略写得通俗易懂，是一本很实用的 HR 工具类书籍，也是至今我见过最好的职场心得分享。

—— 钟德昌　猎头合伙人、广东人力资源协会和广东劳动协会评为最佳人力资源经理

学习是永无止境的一条不归之路，也是永远看不到尽头的海岸线，当很多年以后，我们再次回头，你才会发现，那些布满荆棘的学习之路已是一份藏在心中含金量最贵的宝藏。

很欣赏作者对事业、工作、生活的态度，豁达洒脱。在前行的路上，期待有更多的人和我们一同去探险这世界的千姿百态。

—— 海儿丁晓文　三茅人力资源网专栏作家、江苏 GBT 公司 HRD

本书把系统的人力资源知识和直接、间接的经验总结融合在了一起，向读者娓娓道来。在“润物细无声”中，你能收获HR的知识体系，也能体会到阅读的淋漓快感。我称之为：“有情怀的HR工具书”。

——陈梓　人力资源实战派、HR行业头部播客、《HR日智》音频节目制作者、《系统思维下的人力资源管理》课程开发者

李老师的文章我读了不少，总是被她新颖、独特的观点而吸引。我从事工作20多年，之所以能被吸引，可能有两个方面：一是她对工作实践的感悟很真实；二是她的理论功底的深厚，文章构思巧妙，而且感觉有一个逻辑框架，这就是思维和理论的作用所在。李老师在人力资源管理方面有很深的感悟，尤其是在公司的绩效管理体系的建立方面，从其文字透露出她的成功管理实践及思考的光辉，令我很钦佩，强烈推荐！！！

——史为建《史为建文集》作者、国内知名权威薪酬绩效管理实战专家、曾任职多家500强企业人力资源总监、副总裁职务、2014年度被评为广东“最具影响力HR经理人”

从 HR 小白晋级成 HRD 会有很多的困难和迷茫，我相信这本书可以给到读者很多的思想指导，相信很多 HR 迷茫或不知所措的时候，这本书能给大家很多风向标的指引。书中许多的实战经验会给大家许多启发，很值得阅读和收藏。

——唐平 深圳市课匠堂教育科技有限公司 CEO

好看的皮囊千篇一律，有趣的灵魂万里挑一，这本书和这个作者既好看又有趣！本书思维理性，表达方式却很感性，甚至略带文艺。读之既能够在阅读中掌握人力资源管理工作中最实战，最有效的处理方式，拿来能用，也能通过字里行间，领悟到职场之道。读此书，就像在暖暖的灯光下与知性美女畅谈工作、生活、成长感悟，有思想有温度有力量。这是一本值得反复品味珍藏的好书，强烈推荐！

——红尘醉弥勒徐胜华 三茅人力资源网人气专家、珊茅（上海）人力资源有限公司联合创始人、《为什么选你做 HR 经理——人力资源管理技能精进指南》作者

作者简介

李远婷

网络 ID：天涯 mm 李远婷

电子科技大学硕士，高级企业人力资源管理师，心理咨询师。

高颜值技术型企业 HR，亚太人力资源“百人计划”专家团成员，三茅人力资源网专栏作家。

一路摸爬滚打，从人力资源新人成功逆袭，现任职某国内500 强企业人力资源经理。

想 象 之 外 品 质 文 字

从菜鸟到专家：人力资源管理实战笔记

产品策划 | 领读文化
执行编辑 | 王晗懿
封面设计 | 私书坊_刘 俊 石晓云
发行统筹 | 李 悦
责任编辑 | 张彦翔
排版设计 | 张珍珍
营销编辑 | 孙 秒 屈美佳

更多品质好书关注：

官方微博 @领读文化 官方微信 | 领读文化